Nele Pollatschek
DEAR OXBRIDGE

Nele Pollatschek

DEAR OXBRIDGE

Liebesbrief an England

Galiani Berlin

MIX
Papier aus verantwor-
tungsvollen Quellen
FSC® C014496

Verlag Kiepenheuer & Witsch, FSC® N001512

2. Auflage 2020

Verlag Galiani Berlin
© 2020, Verlag Kiepenheuer & Witsch, Köln
Alle Rechte vorbehalten. Kein Teil des Werkes darf in irgendeiner
Form (durch Fotografie, Mikrofilm oder ein anderes Verfahren)
ohne schriftliche Genehmigung des Verlages reproduziert
oder unter Verwendung elektronischer Systeme verarbeitet,
vervielfältigt oder verbreitet werden.
Umschlaggestaltung Barbara Thoben, Köln
Umschlagmotiv © Greens87/istock-images;
© Iveta Agelova/Adobe Stock
Lektorat Esther Kormann
Gesetzt aus der Williams Caslon Text
Satz Buch-Werkstatt GmbH, Bad Aibling
Druck und Bindung GGP Media GmbH, Pößneck
ISBN 978-3-86971-203-1

Weitere Informationen zu unserem Programm finden Sie unter
www.galiani.de

To Sherry and Kay.
And the people I met at Oxbridge.

Let me tell you about the very rich.
They are different from you and me.

F. Scott Fitzgerald

Success is the ability to go from one
failure to another with no loss of enthusiasm.

Winston Churchill

This England never did, nor never shall,
Lie at the proud foot of a conqueror,
But when it first did help to wound itself.

William Shakespeare

SOMETHING JUST BROKE: DER ANFANG VOM ENDE

D er Brexit hat mich reich gemacht. Am Abend des 23. Juni 2016 schlief ich auf einem Schuldenberg – na gut, Schuldenhügel – ein. Am Morgen des 24. Juni wachte ich schuldenfrei auf. Sogar ein kleines rechnerisches Plus hatte ich. Wenn man jahrelang verschuldet ist, dann bedeutet schuldenfrei sein nichts anderes als Reichtum.

Meine Schulden und der Brexit haben eines gemeinsam: Oxbridge – also die Universitäten Oxford und Cambridge, die, wie es sich für Celebrity-Pärchen gehört, gerne im Wort *Oxbridge* verschmolzen werden. Dieses Oxbridge ist der Ursprung meiner Schulden und des Brexits. Meine Schulden waren Studienschulden. Ich hatte sie mir hart erarbeitet in ungefähr sieben Jahren Studium, erst in Cambridge, dann in Oxford. Ich habe nie ausgerechnet, wie viel ein Studium in England wirklich kostet. Aber alleine die Studiengebühren liegen im Bachelor bei ca. 9000 £ und für Master und Promotion bei ca. 6000 £ pro Jahr. Und dann sind weder Miete noch Essen bezahlt, und beides ist in England deutlich teurer als in Deutschland.

Dass man in England Studiengebühren zahlt, ist erst seit 1998 der Fall. Davor war das Studium umsonst. Eingeführt wurden die Studiengebühren von der *Labour*-Regierung Tony Blairs. Wo hat Tony Blair studiert? Richtig, in Oxbridge. Er hat die Gebühren als Teil einer neoliberalen Finanzpolitik eingeführt, welche die *Labour*-Partei in den 1990ern in Anlehnung an den Erfolg Margaret Thatchers eingeschlagen hat. Wo hat Thatcher studiert? Auch Oxbridge, genauer: am Somerville College, Oxford. Das weiß ich, weil ich da auch mal studiert habe, nur dass man zu meiner Zeit da Studiengebühren zahlen musste. Thanks, Maggie.

Ich will natürlich nicht sagen, dass die Studiengebühren für den Brexit verantwortlich sind. Aber eine Verbindung zwischen der neoliberalen Politik, der daraus entstehenden Ungleichheit – ja, wenn ein Bachelor 9000 £ Studiengebühren im Jahr kostet, dann macht das die Menschen eines Volkes nicht gleicher – und einem allgemeinen Verdruss gibt es schon. Viele Engländer haben nicht für den Brexit gestimmt, sondern gegen *Austerity* – also die Austeritätspolitik, bei der die Ärmsten immer weniger Unterstützung bekommen, während gleichzeitig zum Beispiel die Studiengebühren angehoben werden (und die Reichen weniger Steuern zahlen). Das Problem ist, dass viele Engländer denken, die Austerität käme aus der EU, speziell von Merkel. Und natürlich ist Merkel – wie der Deutsche an sich – ein Freund der Sparsamkeit. Aber die schlimmsten Auswüchse der *Austerity* und des Neoliberalismus kommen ursprünglich aus England und sind, wenn sie von der EU verhängt werden, sozusagen nur ein Reimport.

Der größte englische EU-Freund war seinerzeit David Cameron. Und während er das Referendum vorbereitete, verkündete er, gleichzeitig auf einem goldenen Thron sitzend, bei einem Vier-Gänge-Menü, dass man den Gürtel jetzt deutlich enger schnallen müsste. Wo ist Cameron zur Uni gegangen? Ja, es war Oxford.

Und gleichzeitig wetterte Boris Johnson als Bürgermeister von London und Journalist gegen die EU und schürte alle möglichen Ressentiments, viele davon nachweislich frei erfunden. Wo ist Boris Johnson zur Uni gegangen? In Birmingham. Nein, Scherz, es war Oxford.

Michael Gove, der Strippenzieher, der dachte, er schafft es durch den Brexit zum Premierminister? Oxford.

Theresa May? Oxford.

Im Oktober 2016 waren von den 54 Premierministern der englischen Geschichte genau die Hälfte in Oxford gewesen. Ein weiteres Viertel hatte Cambridge besucht. Ein paar wenige haben in Schottland studiert, noch weniger im Ausland. Der Rest, Winston Churchill zum Beispiel, war auf Militärakademien gegangen und außerdem wohlgeboren genug, um ohne Studium Premier zu werden. (Wobei Churchills Geburtsort, Blenheim Palace, keine 30 Minuten von Oxford entfernt ist, man ihn also vielleicht auch Oxbridge zurechnen sollte.) In Großbritannien gilt: Manchmal regieren die Konservativen und manchmal regiert *Labour,* aber fast immer regiert Oxbridge.

Gläserne Decken, die bestimmte Gruppen vom Aufstieg abhalten, gibt es viele. Wenige sind so schwer zu durchdringen wie die der englischen Politik: Hier kann man die höchsten Spitzen ohne Oxbridge fast nicht erklimmen. Auch in den Führungsetagen großer Konzerne, den Vorständen der Banken, den Chefsesseln der Zeitungen und Medienanstalten – überall sitzt Oxbridge. In England ist Macht gleich Oxbridge.

Der Brexit lässt sich auch als eine Art Putschversuch gegen diese übermächtige Oxbridge-Elite verstehen. David Cameron will, dass wir in der EU bleiben? Dieser reiche Schnösel, der als Aufnahmeritual in die überelitäre *Piers Gaveston Society* in Oxford mal ein Schwein gevögelt haben soll, der seit Jahren von Sparsamkeit spricht und selber immer feister wird, will, dass wir für die EU stimmen? *I say!*

Es ist, glaube ich, auch kein Zufall, dass die Stimme des Brexits, Nigel Farage von der *United Kingdom Independence Party* (UKIP), als einer der wenigen wichtigen Politiker Englands nicht in Oxbridge war. Nigel Farage hat gar nicht studiert. Er ist ein Mann des Volkes. Zumindest konnte er sich so inszenieren und damit eine Revolution gegen die Machthaber – also gegen die Oxbridge-Elite – anzetteln. Aber wie im Kasino, wo immer das Haus gewinnt, gewinnt in England immer Oxbridge. Nach dem Referendum krähte eine Zeit lang kein Hahn mehr nach Farage. Er kann Menschen bewegen, aber die Fäden haben andere in der Hand. Die wahren Gewinner sind Boris Johnson *and the Oxbridge Boys*. Von *Cambridge Analytica* ganz zu schweigen.

Und gleichzeitig ist Oxbridge auch ein Verlierer. Also, nicht als Ursprung der Macht, sondern als zwei eigentlich ziemlich normale Universitäten. Als echte Orte voller echter Menschen, von denen die allermeisten nicht Premierminister werden. Viele von ihnen sind nicht reich, viele von ihnen sind gerade dabei, sich massiv zu verschulden. Sie studieren Altgriechisch oder Englische Literatur und werden im Café an der Ecke von Menschen bedient, die auch mal Altgriechisch oder Englische Literatur studiert haben. Viele von ihnen sind Ausländer, für die der Brexit eine Katastrophe ist. Viele von ihnen sind Wissenschaftler, für die die Sparpolitik, bei der rücksichtslos akademische Stellen und Gelder gestrichen werden, eine existenzielle Bedrohung darstellt. 73,8 % der im Kreis Cambridge lebenden Menschen haben für *remain* – also gegen den Brexit – gestimmt. In Oxford sah es ähnlich aus. Wer zum Zeitpunkt des Referendums zu Oxbridge gehörte, der war mit größter Wahrscheinlichkeit gegen den Brexit. Oxford und Cambridge sind *remain*-Hochburgen. Nirgendwo schlug die Nachricht des Brexit-Referendums härter ein als in Oxbridge. Ich weiß es, ich war da.

Es gibt so Momente im Leben, die vergisst man nicht mehr. In meiner Generation war das lange der 11. September. »Wo warst du am 11. September?« ist eine Frage, die wir fast alle beantworten können, wie frühere Generationen die nach dem Mauerfall oder der Mondlandung.

So ein Tag, den man nicht mehr loswird, war für mich der 24. Juni – der Tag, an dem der Ausgang des Brexit-Referendums bekannt gegeben wurde. Mein Freund und ich waren am Tag zuvor mit dem Auto von Deutschland nach England gefahren. Von Heidelberg nach Calais. Von Calais mit der Fähre nach Dover. Von Dover nach Oxford.

In Oxford luden wir meine Kisten ins Auto. Viel Zeug hatte sich in den Jahren, die ich in England gelebt hatte, nicht angesammelt. Anstrengend war es trotzdem, die Kisten aus meinem Dachgeschosszimmer ins Auto zu laden. In dem engen englischen Treppenhaus, in dem man auch ohne Kisten nur schwer gehen konnte, ohne anzuecken, waren die Kisten kaum zu manövrieren. Auf dem dicken Teppich, mit dem Engländer wirklich jedes Treppenhaus auslegen, rutschte ich aus. Immerhin, ich fiel weich.

Nachdem wir das Auto eingeräumt hatten, aßen wir *Fish & Chips* in meinem Lieblingspub, kehrten in mein WG-Zimmer zurück und schliefen ein. Meinen Freund hatte ich in mein 80-cm-Bett verfrachtet. Ich selbst schlief auf einer alten Sportmatte, die gerade so neben das Bett passte. Für zwei Menschen war das englische Studentenzimmer eigentlich zu klein, weswegen sich mein Freund auch bis zum Umzug gesträubt hatte, mich jemals in England zu besuchen. England ist einfach zu eng für Zweisamkeit.

Bevor ich einschlief, checkte ich noch mal den Wechselkurs. Wenn man ein Promotionsstipendium in Euro ausgezahlt bekommt, die Studiengebühren aber in Pfund bezahlen muss, dann wird der Wechselkurs zur Herzkurve. Das tägliche Überprüfen der Rate war für mich so normal wie Zähneputzen und gleichzeitig so aufregend wie Pferderennen.

Am Abend des 23. Juni 2016 lag der Pfundkurs bei 1,31 €. Nicht besonders hoch, nicht besonders tief. Höher als in den Tagen zuvor, was sich durch die zu wachsen scheinende Zustimmung zum EU-Verbleib erklären ließ.

Plus ein Drittel, das war lange Zeit meine Faustregel für schnelles Pfund-zu-Euro-Rechnen gewesen. Ungefähr 1,30 €, daran hatte ich mich gewöhnt.

Vor dem Einschlafen fragte ich mich kurz, ob ich meine Studienschulden vielleicht noch vor dem Ausgang des Referendums begleichen sollte. Das Geld hatte ich fast zusammen, es fehlten noch ein paar Hundert Pfund, aber den Großteil hatte ich bereits zusammengespart. Würden die Briten gegen den Brexit stimmen, dann würde das Pfund leicht in die Höhe gehen, meine Schulden sich also vergrößern. Wenn die Briten aber für den Brexit stimmten – was keiner glaubte –, würde der Kurs in den Keller fallen und meine Schulden schlagartig schrumpfen. Es war ein Pokerspiel. Und ich setzte auf Brexit.

Am nächsten Morgen weckte mich mein Handy. »The EUR to GBP exchange rate has reached your threshold«, stand da.

Den *Tracker* hatte ich Jahre zuvor mal aktiviert, nur für den Fall, dass der Kurs irgendwann für ein paar Sekunden fällt. Der *threshold* – also die Grenze, die ich eingegeben hatte – war reine Fantasterei. Der *Tracker* war ein Scherz mit mir selbst gewesen: Im Fall einer Zombie-Apokalypse sterbe ich wenigstens schuldenfrei.

Als ich die Nachricht auf meinem Handy sah, freute ich mich. Ganz kurz freute ich mich. Pfundkurs auf Rekordtief.

Später fand ich heraus, dass es der schlechteste Pfundkurs – für Deutsche also der beste – seit 31 Jahren war. In meiner gesamten Lebenszeit war der Kurs nie zuvor so mies wie in den Tagen nach dem Brexit. Und ich hatte es geschafft, meine Schuldner bis zu diesem Rekordtag zu vertrösten.

Ich hatte gerade die Banking-App geöffnet, um schnell das Geld zu überweisen, da begriff ich erst, was dieser Kurs bedeuten musste. Als mich der Wechselkurs weckte, war meine Freude darüber so groß, dass mir erst mal gar nicht klar war, dass dieser Kurs nicht nur finanziell praktisch für mich, sondern politisch katastrophal war.

Plötzlich war mir übel. Ich stand auf, ging die zwei Stockwerke in die Küche hinunter, wo meine Mitbewohner mit gläsernen Augen in ihre Müslischalen starrten.

Wir waren sieben. Ein bunter Haufen aus Kontinentaleuropäern und *Commonwealth* – das bedeutet Australien und Kanada, aber auch Teile Afrikas. Wir studierten zwar alle in Oxford, Brite war aber keiner.

Wir schwiegen. Eine Mitbewohnerin stand auf und nahm mich in den Arm. Keiner musste es sagen, aber es lag so ein Gefühl im Raum: Wir fühlten uns mit Großbritannien zutiefst verbunden und gleichzeitig vollkommen fremd.

Ich ging wieder hoch. Durch den Schock hatte ich meine Überweisung unterbrochen. Jetzt wollte ich sie abschließen und gleichzeitig wollte ich auch nicht. Das Glück der Ersparnis war der Scham gewichen. Ich hatte auf den Brexit gewettet. Und ich hatte gewonnen. Was bedeutet: Wir hatten verloren.

Wenn ich jetzt das Geld überweisen würde, dann hätte ich vom Brexit profitiert. Das wollte ich nicht. Und gleichzeitig fragte ich mich, ob man, wenn man schon profitiert, nicht richtig profitieren sollte. Eines war schließlich klar: Wenn die Briten tatsächlich für den EU-Ausstieg gestimmt hatten, dann würde der Kurs ja noch weiter fallen. Ich überwies die Hälfte, den Rest ein paar Tage später, und kam mir schlecht vor, aber immerhin nicht mehr arm.

Bevor wir uns auf die Rückfahrt nach Deutschland machten, mussten wir noch mal zu meinem College. Schon beim Einsteigen freute ich mich – zum ersten Mal, seitdem wir es gekauft hatten – ein französisches Auto zu fahren. Neben dem Peugeot-Schriftzug prangte der Umriss der Insel Sylt. Wir waren zwar noch nie auf Sylt gewesen, hatten uns aber nicht die Mühe gemacht, den Sticker abzukratzen, als wir den Peugeot vom Gebrauchtwagenhändler holten. Jetzt war ich froh darüber. Was unserem klapprigen Peugeot-Kombi an Sex-Appeal fehlte, machte er mit europäischem Kontinentalstolz wieder wett. In einem See aus englischen Fahnen waren wir ein kleiner Flecken Europa. In unserem Peugeot waren wir die letzten beiden Gallier und überall nur Römer.

Als wir an meinem College ankamen, gab es keine Parkplätze. Somerville College, dessen Mitglied ich zu diesem Zeitpunkt seit vier Jahren war und, wie uns die damalige Dekanin bei der Immatrikulation erklärte, auch immer sein würde, liegt im angesagten Viertel Jericho. Hier sind Parkplätze schwer zu ergattern. Eigentlich konnte ich immer einen Porter – also College-Pförtner – fragen, ob ich ausnahmsweise auf dem Hof parken dürfe. Aber an diesem Morgen wollte ich keinen Porter sehen. Wie ich waren viele von ihnen Kontinentaleuropäer. Anders als ich befanden sie sich in finanzieller Abhängigkeit. Für sie würde der Brexit echte Konsequenzen haben. Die Stimmung in meiner WG-Küche hatte mir einen Vorgeschmack darauf gegeben, wie es sich in der *Porter's Lodge*, dem Pförtnerhäuschen, wohl gerade anfühlen würde. Ich hatte mit meinem Umzug genug zu tun und wollte dem gerne aus dem Weg gehen. Außerdem schämte ich mich. Weil ich auf den Brexit gewettet hatte, fühlte ich mich auf eine merkwürdige, abergläubische Art ein bisschen mitverantwortlich.

Also parkten wir auf der Woodstock Road, der großen Straße, die aus dem Stadtzentrum, an Somerville vorbei, hoch nach Summertown führt. Ich stieg aus, um Geld in den Parkscheinautomaten zu werfen, und merkte da erst, dass ich keine Pfund mehr hatte.

Ich ging die Straße entlang, Richtung Geldautomat, und rechnete aus, wie viel Zeit ich noch hatte, um Geld zu holen, es mir in Münzen wechseln zu lassen und zum Auto zurückzulaufen, wenn wir die Fähre noch bekommen wollten. Plötzlich geriet ich in eine Menschentraube.

Eigentlich ist Traube das falsche Wort. Die Menschen standen schweigend in regelmäßigem Abstand, dazwischen mindestens eine Armlänge Platz, auf dem breiten Bürgersteig und schauten alle in die gleiche Richtung. Ich folgte ihrem Blick. Sie schauten auf ein Café. Und auch noch auf ein geschlossenes. Ich hatte hier, im St. Giles Café, wie sich das Bistro nannte, mal eine Kleinigkeit gegessen, aber es war mir nicht weiter in Erinnerung geblieben. Mir fiel auf, wie diesig der Morgen war, wie am 1. Januar, wenn die Erinnerung an Feuerwerk noch in der Luft hängt. Irgendein Herdentrieb in mir veranlasste mich, auch stehen zu bleiben. Ich schaute auf das Café und wusste erst nicht, warum, bis ich die Schrift im Fenster sah. »Closed in Protest of EU vote« – »Geschlossen aus Protest gegen das EU-Referendum« – stand da in großen weißen Buchstaben. Daneben: »No EU, no café!«

Die Nachricht war nicht eloquent. Sie war nicht mal schön geschrieben. Der Besitzer hatte sie offensichtlich schnell und wütend hingeschmiert. Und trotzdem berührte sie ein Dutzend wildfremde Menschen so sehr, dass sie stehen blieben, um sie anzustarren. Aber vielleicht blieben wir auch nicht wegen der Nachricht stehen, sondern wegen des Gefühls, das wir miteinander teilten. Keiner, der hier stand, war ein Brexiteer, so viel war klar. Auf dem Bürgersteig vor dem St. Giles Café hatten wir ein gallisches Dorf gefunden.

»Kommst du?«, rief mein Freund vom Auto. Wir mussten die Fähre kriegen und dieser Moment des Stehenbleibens hatte mich wichtige Zeit gekostet. Ich schaute auf meine Uhr und wurde leicht panisch, gleichzeitig war ich immer noch wie gefesselt von diesem Café und den Menschen, mit denen ich hier stand.

»Kann mir jemand Euro in Pfund wechseln? Ich brauche Münzen für den Parkautomaten ...«, fragte ich in die

Runde. Alle schauten mich an. Sie hatten diesen gläsernen Blick, den ich schon von meinen Mitbewohnern kannte und den ich wahrscheinlich auch hatte, zumindest fühlte ich mich so.

Aus der Jackentasche zog ich einen Fünf-Euro-Schein hervor und hielt ihn vor mich.

»Ich brauch nur ein Pfund«, sagte ich und dann, um die Stimmung aufzulockern, versuchte ich einen Witz. Ich schwenkte meinen Euro-Schein und sagte: »Wird im Wert nur steigen ... also im Verhältnis zum Pfund zumindest.«

»Wissen wir«, sagte eine Britin. Ein Mann nickte. Eine andere Frau versuchte zu lächeln, kämpfte aber augenscheinlich mit den Tränen. Von links streckte sich mir ein Fünf-Pfund-Schein entgegen.

»Ich kann Ihnen einen Schein geben«, sagte der Besitzer des Scheines.

»Ich brauche leider Münzen für den Automaten«, antwortete ich.

»Ich habe zwei Pfund«, sagte ein anderer Brite und zeigte mir seine zwei Pfund-Stücke.

»Danke«, sagte ich und wollte ihm meinen Fünf-Euro-Schein im Tausch geben. Er gab mir seine Münzen, nahm meinen Schein aber nicht. Ich versuchte ihm meinen Schein in die Hand zu drücken.

»Nein, das ist schon okay«, sagte er.

»Nein, nimm doch den Schein. Ihr werdet jeden Eurocent brauchen«, sagte ich. Er nickte. Alle nickten. Aber meinen Schein nahm er nicht.

»Bitte, nimm die Münzen und behalt deine Euro«, sagte er. Und dann: »I feel so embarrassed for what we did« – »Ich schäme mich so für das, was wir getan haben.« Bevor ich noch mal versuchen konnte, ihm meinen Schein zu geben, lief er schnellen Schrittes davon und zwang mich, schon zum zweiten Mal an diesem Tag vom Brexit zu profitieren.

Auch ich musste weg. Die anderen blieben stehen. Jetzt aber standen sie dicht beieinander. Aus der Ferne sah es aus, als würden sie sich umarmen.

GOODBYE, LEBENSSTANDARD

W enn es eines gibt, was ich in Oxbridge gelernt habe, dann ist es das fachgerechte Entfernen von Verstopfungen aus Toiletten. Nein, ich war nicht als Hausmeister tätig. In Cambridge habe ich das dritte Jahr des Bachelors in Englischer Literatur absolviert. In Oxford habe ich einen Master in Englischer Literatur des 19. Jahrhunderts gemacht und über das Problem des Bösen im viktorianischen Realismus promoviert. Ich habe also sehr viel über englische Literatur gelernt. Aber noch mehr über englische Toiletten.

In Cambridge musste ich nur meine WG-Toilette entstopfen. Damals dachte ich noch, dass es sich um eine Eigenart des Hauses handele, dass die Rohre eigentlich schon vom Angucken überflossen. In Oxford stieg ich dann auf. Wurde *MCR President,* also Präsident der graduierten Studenten meines Colleges, und übernahm – recht unfreiwillig – die Mitverantwortung für gleich ein halbes Dutzend dauerverstopfter Toiletten.

Zum Ende meines Englandaufenthalts durfte ich mal erleben, wie Toiletten saniert wurden. Ich freute mich schon Monate vorher, weil ich dachte, dass jetzt alles besser werden würde und man nicht mehr mit dem Wassereimer nachkippen, immer wieder spülen oder stundenlang pümpeln müsste. Endlich kam der große Tag: Die neuen Toiletten gingen in Betrieb. Auf dem Weg ins Bad begegnete mir eine schlecht gelaunte Mitbewohnerin: »Die Toiletten sind wieder verstopft.«

Als der Klempner kam, fragte ich ihn, wie das sein konnte.

»I'm afraid, we did not anticipate solids«, sagte er. Auf Deutsch: »Ich fürchte, wir haben nicht mit Feststoffen gerechnet.« Nur ein Brite kommt auf die Idee, eine Toilette zu installieren, ohne dabei an den Abtransport von »solids« zu denken.

Mit »solids« meinte der Klempner natürlich etwas, was *upper-class*-Briten einfach als *shit* bezeichnet hätten. Während die englische Arbeiterklasse und untere Mittelschicht Toiletten gerne als Puder-Zimmer *(Lady's Powder Room)* oder Garderoben *(Cloak Room)* bezeichnet – in der Hoffnung, damit bürgerlich zu wirken –, findet die englische Oberschicht nichts so peinlich wie die Angewohnheit, Dinge nicht beim Namen zu nennen. Die *upper class* nennt einen Spaten einen Spaten und ein Klo ein Klo. Wörter wie *shit, fuck, bollocks* und *bugger* gehören in Großbritannien eindeutig zum guten – also zum elitären – Ton, gerade unter Gentlemen. Nirgends auf der Welt lernt man so fluchen wie in Oxbridge.

Obwohl ich durchaus anderes Vokabular als den verqueren Hinweis auf die *solids* gewohnt war, verstand ich den Klempner sofort. Ich nickte nur und holte meinen

Pümpel. Zu diesem Zeitpunkt konnte mich so etwas nicht mehr überraschen. An die Andersartigkeit englischer Vorstellung von normalem Lebensstandard hatte ich mich längst gewöhnt.

Zum ersten Mal zog ich im Oktober 2010 nach England, damals nach Cambridge. Auch damals fuhr ich mit der Fähre, allerdings mit meinem Vater und mit einem Auto voller Zeug. Geplant war ein Jahr Studienaufenthalt, und irgendwie war ich überzeugt, dass ich diese Zeit ohne bergeweise Zeug nicht überleben würde. Also musste mein Vater mit mir Kisten schleppen. In den Kisten waren vor allem Bücher – Shakespeare, Chaucer, Oscar Wilde.

Ich glaube nicht, dass ich in dem Jahr Cambridge auch nur ein einziges dieser Bücher aufgeschlagen habe. Im Zweifelsfall hatte ich ja doch immer die falsche Ausgabe und die College-Bibliothek war natürlich um einiges besser ausgestattet als ich. Von der Universitätsbibliothek ganz zu schweigen. Meine erste Regel für das Packen für Oxbridge ist seitdem: keine Bücher. Meine zweite ist: Pümpel und Rohrreiniger. Beides kann man natürlich auch in England kaufen, meist braucht man es aber, bevor man Zeit hatte, einkaufen zu gehen. Und Baumärkte sind sowohl in Oxford als auch in Cambridge schwer zu finden.

Die Bücher, die wir mühsam nach Cambridge schleppten, halfen mir zwar nicht bei meinem Studium, erschwerten mir aber die drei Umzüge, die ich in weniger als einem Jahr Cambridge absolvierte. Davon konnte ich bei der Abfahrt allerdings noch nichts wissen.

Ich hatte mir das Ganze so vorgestellt: Cambridge ist eine der elitärsten Universitäten der Welt. Hier studieren *royals*, zukünftige Premierminister, Literaten und weltbekannte Schauspieler. Als ich nach Cambridge kam, war Prince Philip, der Gatte der Queen, gerade Dekan. Ich dachte also, dass ich mich auf ein Jahr in Saus und Braus freuen dürfe. In Heidelberg hatte ich mir mit einer Freundin eine Wohnung geteilt. Knapp 400 € zahlte ich für meine Hälfte von 50 m² in einem schmuddeligen 60er-Jahre-Vorstadt-Neubau mit Kacheldecke. Jetzt würde es endlich bergauf gehen!

Als ich in Cambridge ankam, sah auch alles erst mal ganz glamourös aus. St. John's, das College, in dem ich das nächste Jahr verbringen würde, ist das zweitreichste College in Cambridge. Es war gerade dabei, 500 Jahre alt zu werden, und für die Feier hatte man es ordentlich rausgeputzt. Es gibt kaum Colleges in Cambridge, die der deutschen Vorstellung von Oxbridge so sehr entsprechen wie St. John's. Hohe neogotische Türme, weitläufige Gärten mit wohlmanikürtem Rasen und duftenden Blumenborten. Eine überdachte Brücke schwebt feingliedrig über dem Cam, dem Fluss, dem Cambridge seinen Namen verdankt.

Das Problem ist nur, dass die meisten Studenten, vor allem die älteren, gar nicht im College wohnen. Nachdem ich mich also in einem Prachtbau angemeldet hatte, musste ich erst mal meine Unterkunft finden. Von außen ging es eigentlich noch. Ja, das Haus stand an einer Hauptverkehrsstraße, aber ich fand es trotzdem charmant. Englische Häuser sind fast immer charmant. Sie sind recht schmal und hoch, meist zwei- oder dreistöckig, haben im Erdgeschoss einen Erker, der in den winzig kleinen Vorgarten ragt. Die meisten dieser Häuser wurden im 19. Jahrhundert gebaut. Sie haben die viktorianische Ästhetik, die ich damals liebte, weil sie eben ganz anders ist als der pragmatische Stil der 50er und 60er, den ich aus zerbombten deutschen Vororten gewohnt war. Ein bisschen erinnerten mich diese englischen Häuser an das Puppenhaus, das ich als kleines Kind gerne gehabt hätte, sich meine Eltern aber nie leisten konnten. Beim Einzug freute ich mich auf mein Puppenleben.

Das Tolle an Puppen ist, dass sie weder Wärme noch Kälte empfinden. Sie haben auch kein Bedürfnis nach Privatsphäre. Und – auch wenn die meisten Puppenhäuser über Badezimmer verfügen – Puppen haben nicht die Art Verdauungsapparat, für den man eine funktionierende Toilette braucht. Ich schon.

Mein Leben im Puppenhaus dauerte keine zwei Stunden. Dass ich hier nicht bleiben konnte, wurde mir noch während der ersten Begehung klar. Als ich die Tür öffnete, begrüßte mich meine neue Mitbewohnerin, eine Masterstudentin in meinem Alter. Gemeinsam mit dieser Studentin besichtigte ich das Haus. Es hatte zwei Stockwerke. Unten, direkt wenn man die Wohnungstür aufschloss, betrat man das Erkerzimmer. Anders als ich gehofft hatte, war es kein gemütliches Wohnzimmer mit Kamin und Klavier, sondern ein Durchgangszimmer, welches die Eingangstür mit dem Treppenhaus nach oben verband und von dem die Küche abging. Im Obergeschoss befanden sich ein Schlafzimmer – winzig klein, mit Bett und Schrank, aber ohne Schreibtisch – und ein Badezimmer mit verstopfter Toilette.

Die Toilette war zwar ein bisschen eklig, schockierte mich aber nicht weiter. Kann man ja reinigen, dachte ich mit deutscher Pragmatik. Was mich aber wirklich irritierte, war, dass ich auch nach ausgiebigem Suchen kein zweites Schlafzimmer finden konnte.

»Wo ist das zweite Schlafzimmer?«, fragte ich meine Mitbewohnerin.

»Unten«, sagte sie.

Ich ging die Treppe hinunter und suchte, konnte es aber beim besten Willen nicht finden. Nur das Durchgangszimmer, in das die Treppe führte und von dem die Haustür abging, und die kleine Essküche.

»Wo ist es?«, rief ich zu ihr nach oben. Sie kam die Treppe runter und machte eine Handbewegung, die »Hier« sagte.

»Es gibt das Zimmer oben und das Zimmer unten«, sagte sie, »ich war zuerst da und habe mir das obere Zimmer ausgesucht.«

Ich nickte, vollkommen sprachlos. Die Idee, dass ein Durchgangszimmer, das für mich eine Mischung aus Vorraum mit Haustür und Treppenhaus war, mein Schlafzimmer sein sollte, war mir beim besten Willen nicht in den Sinn gekommen. Ich ließ mich entsetzt auf die Couch fallen, die in der Mitte des kleinen Zimmers stand.

»Die Couch kann man ausziehen«, sagte meine Mitbewohnerin hilfreich und ging in ihr Zimmer zurück. Ich hörte, wie sie die Tür hinter sich schloss, und war neidisch. Ein paar Minuten später lief sie die Treppe wieder runter, an mir vorbei und verließ das Haus.

Mir war zum Heulen zumute. Ich fragte mich, ob ich eine Prinzessin auf der Erbse war. Ich hatte in meinem Leben schon in einem Asylantenheim und in einem besetzten Haus ohne Heizung gewohnt. Ich hatte schon in einem Zimmer mit einer Deckenhöhe von 1,50 m gehaust. Ich hatte auch schon wochenlang bei Freunden auf der Couch geschlafen. Sogar auf dem Fußboden in einem Buchladen hatte ich eine Zeit lang auf einem Schafsfell gepennt.

Aber bei dem Gedanken, das nächste Jahr meines Lebens in einem Durchgangszimmer auf einer Klappcouch ohne Wandschrank und Schreibtisch zu verbringen, wurde mir schlecht, und die Tränen schossen mir in die Augen. Ich hatte mich gerade warmgeheult, da ging die Tür wieder auf und meine Mitbewohnerin rannte an mir vorbei die Treppe hoch.

»Sorry, hab was vergessen«, rief sie im Vorbeigehen, bevor sie eine Minute später wieder an mir vorbeirannte. Ich drehte mich ab, weil ich nicht wollte, dass sie mich schon am ersten Tag weinen sah. In diesem Moment wurde mir eines klar: Virginia Woolf hatte recht – was man im Leben wirklich braucht, ist ein Zimmer für sich alleine.

Ich heulte noch ein bisschen und dann riss ich mich zusammen und lief ins College. Noch auf dem Weg war ich sicher, dass mein Versuch umzuziehen sinnlos war. Sicherlich beschwerten sich alle und alle mussten damit leben. Aus Deutschland war ich es gewohnt, dass Beschwerden in bürokratischen Apparaten vollkommen zwecklos waren – was in Deutschland die wenigsten hindert, sich trotzdem zu beschweren.

»Wenn ich Ihnen jetzt ein neues Zimmer gebe, dann kann ja jeder kommen« – das war die Antwort, mit der ich fest rechnete.

Umso schockierter war ich, als ich nach zehn ausgesprochen freundlichen und fürsorglichen Minuten im Sekretariat den Schlüssel für eine neue Unterkunft in der Hand hielt. Diese enorme Hilfsbereitschaft begegnete mir in St. John's und später in Somerville immer wieder. Wenn es drauf ankommt, gibt es keine Regel, die keine Ausnahme kennt. Von den Putzfrauen – die in Cambridge *Bedders,* in Oxford *Scouts* heißen – bis hoch zum *Master* hatte ich immer das Gefühl, dass einem jeder nur das Beste will. Wer nach Hilfe fragt, dem wird immer auch geholfen.

Und so saß ich, nachdem ich meine Bücher mit dem Taxi durch Cambridge transportiert hatte – mein Vater und sein Auto waren längst auf dem Heimweg –, noch am selben Abend glücklich und zufrieden in einem Zimmer ganz für mich allein. Mein neues Zimmer war in einem etwas größeren Haus mit, so glaube ich, drei weiteren Mitbewohnern. Richtig erinnern kann ich mich nur noch an einen ziemlich genialen krausköpfigen Franzosen, der mich noch in der ersten Woche fragte, ob ich ihn heiraten will. Ich lehnte dankend ab und ließ mir stattdessen von ihm das Ukulelespielen beibringen. Außer an den Franzosen erinnere ich mich an eine große Küche und ein Badezimmer mit der bereits erwähnten schwergängigen Toilette und den typischen getrennten Wasserhähnen, bei denen man sich die Hände immer entweder abfriert oder -kocht. Im Vergleich zum Puppenhaus war mein neues Zimmer ziemlich groß. Es hatte ein Einzelbett, einen Kleiderschrank und einen Schreibtisch. Zudem besaß es den in England fast unvermeidbaren schmuddeligen Teppich und ein Fenster, das in eine vielleicht 50 cm breite Gasse mit dem Nachbarhaus mündete. Diese Gasse sorgte zwar dafür, dass ich einen eher bescheidenen Blick aus meinem Zimmer hatte, aber sie hatte einen enormen Vorteil: Sie hielt den Wind fern.

Die zweite Gemeinsamkeit, die neben den schwergängigen Toiletten alle meine Unterbringungen in Oxbridge hatten und auf die man sich dringend einstellen muss, ist: einfach verglaste, nicht isolierte, nicht wirklich schließende Fenster. Wegen der Nähe zum Nachbarhaus lebte ich in meiner Cambridge-WG in einer Art Thermosflasche, sodass es mich kaum störte, dass mein Fenster aus zwei einfachen Glasscheiben mit Holzrahmen und ohne Gummiabdichtung bestand. In meinen späteren Unterkünften, bei denen das Fenster ins Freie ging, musste ich immer wieder mit durch Zug und Kälte hervorgerufenen Kopfschmerzen und Dauererkältungen kämpfen. Erst wenn man eine Weile in England lebt, erkennt man, wie genial deutsche Fenster sind: Kippstellung, Gummiabdich-

tung und zweifache, manchmal sogar dreifache Thermoverglasung, was kann es Schöneres geben?

Ich zog in dem Jahr Cambridge noch ein letztes Mal
um, diesmal aber aus sozialen Gründen. Weil ich älter
war als meine Kommilitonen – die meisten hatten mit
17 angefangen zu studieren, ich erst mit 19 –, hatte man
mich zusammen mit Doktoranden einquartiert, die wie
ich mittlerweile Anfang 20 waren. Während ich also in
einer Doktoranden-WG wohnte, wohnten meine Bache-
lor-Kommilitonen alle zusammen im College. Das Sozial-
leben fand in den Gemeinschaftsküchen und auf den Flu-
ren statt. Niemand rief sich an oder schrieb eine SMS.
Wenn man Sozialkontakt wollte, klopfte man einfach
beim Nachbarn. Nur dass ich zu weit weg zum Anklopfen
war und deswegen vereinsamte. Mein Tutor, ein Akademiker, der für das seelische Wohl der Studenten verantwortlich ist, erkannte das Problem und bot mir an, ins
College zu ziehen.

Das Gebäude, in das ich zog, war ein preisgekröntes 6oer-
Jahre-Prestigeprojekt und – da waren sich in St. John's alle
einig – hässlich wie die Nacht. Die herausragende archi-
tektonische Qualität dieses Gebäudes, welches den Namen
Cripps Building trägt, ist, dass es aus einem Naturstein er-
baut wurde, der aber nicht etwa wie Naturstein aussieht,
sondern ganz genau wie Beton. Groß, grau, fleckig und
eckig entsprach *Cripps* von außen so gar nicht meinen äs-
thetischen Vorstellungen von England. Von innen erfüllte
es allerdings so ziemlich meine Träume von Oxbridge-Lu-
xus. Denn ohne dass sich meine Miete irgendwie ver-

änderte, hatte ich auf einmal feinstes Parkett, ein eigenes, frisch saniertes Bad und zwei riesengroße Zimmer mit übergroßen Fenstern ganz für mich alleine.

In den paar Monaten in *Cripps* änderte sich mein Architekturgeschmack übrigens radikal. Während ich davor der Meinung war, dass, was Wohnraum angeht, älter auch immer besser ist, erkannte ich in Cambridge die Vorzüge des Modernismus. Heute denke ich liebevoll an *Cripps* zurück als das wohl schönste Haus, in dem ich je gewohnt habe. Wie ich nur denken konnte, es sei hässlich, ist mir ein Rätsel.

Die jahrhundertealten Oxbridger Gebäude sehen vielleicht von außen schön aus, aber in ihnen zu leben macht keinen Spaß. Sie haben winzige dunkle Zimmer mit winzigen undichten Fenstern. Alles knarrt. Alles zieht. Keine Heizung funktioniert. Wer nicht gerade Schimmelpilze studiert, kann in solchen alten Gebäuden nicht studieren. Man kann als Deutscher schon in England leben, man darf nur nicht *wie* ein Engländer leben. Das heißt, man sollte die Finger von viktorianischen Puppenhäusern lassen. Wenn man die Wahl hat, ist modern – Beton und Brutalismus – immer die richtige Antwort.

Aber auch dann muss man sich mit dem Gedanken abfinden, dass man in Oxbridge im Regelfall – so wie in großen Teilen Englands – deutlich mehr Geld für deutlich niedrigeren Lebensstandard bezahlt. Selbst im modernen *Cripps Building* waren die riesengroßen Fenster nur schlecht verglast und die bronzenen Fensterrahmen waren zwar schön, aber ohne vernünftige Gummiabdichtung pfiff zwischen den Metallrahmen der Wind recht ungehindert hindurch. Und auch hier war die Toilette im besten Fall als launisch zu beschreiben.

Ein paar Jahre später lebte ich in Oxford erneut in einem Traum aus 60er-Beton. Auch hier waren die Fenster undicht. Und ich hatte die wohl schlimmsten Toiletten meiner Oxbridge-Zeit, von den Duschen ganz zu schweigen. Und als ich einmal darüber klagte, dass der Herd so wenig Hitze erzeugte, dass man auf ihm nicht mal Wasser kochen konnte, beschwichtigte mich meine Kommilitonin, dass es schon ginge, man müsse nur alle Fenster und Türen vorher schließen, damit der Raum nicht zu kalt ist. Was nicht heißt, dass es in England keine vernünftigen Herde gibt. Nur dass man bitte nicht erwarten soll, dass ein Herd in einer College-Unterbringung Wasser bei offener Tür zum Kochen bringt.

Wenn ich meinem jüngeren Ich einen Tipp geben könnte, dann wäre es: Stell dir Oxbridge wie einen Campingplatz vor. Kauf dir eine Wärmflasche und wirklich warme, wasserdichte Kleidung, vielleicht auch eine elektrische Heizdecke (Strom hat der Campingplatz Oxbridge). Wie viel Leid mir erspart geblieben wäre, wenn ich frühzeitig verstanden hätte, dass es nicht nur mal kurz zieht, sondern dass es immer zieht. Das Leben in England ist einfach deutlich besser, wenn man es sich wie eine Outdoorexkursion im Innenraum vorstellt. Die Fenster sind nur Deko, in Wirklichkeit schläft man im Zelt. Über die Jahre habe ich all diese Outdoordinge, die man eben fürs Campen braucht, erworben, am Ende meiner Promotion

konnte ich erkältungsfrei in England leben. Meine Favo-
riten für das Überleben in England sind nach vielen Jahren: Fleecemäntel (auch wenn einen alle Engländer dafür
auslachen), Kaschmirpullover, wenn man nicht ausgelacht
werden will (secondhand natürlich), darüber eine Out-
doorjacke und wasserdichte Schuhe. Wenn man so aus-
gerüstet ist, kann man es aushalten. Anders macht so ein
deutsches Immunsystem England auf Dauer nicht mit.

Engländer können viele Dinge; einige Dinge können sie
auch deutlich besser als die Deutschen. Sie können besser
Small Talk halten. Sie können besser Eliteuniversitäten betreiben. Sie haben schönere Gärten. Sie machen wirklich
gute Sandwiches zum Tee. Sie schreiben meiner Meinung
nach im Schnitt die besseren Bücher (weswegen ich auch
Englische und nicht Deutsche Literatur studiert habe). Sie
haben Stil und Manieren, von denen wir rüden Deutschen
nur träumen können. Aber was sie nicht können, was sie
wirklich einfach gar nicht können, ist Wohnungen isolie-
ren und Rohre verlegen. Ich weiß, das hört sich wie eine
Lappalie an, über die sich nur ein kleingeistiger deutscher
Philister aufregen würde. Bis man darüber nachdenkt, wie
viele Monate im Jahr man schließende Fenster braucht.
Oder wie oft man aufs Klo geht.

WELCOME, SOZIALISMUS
(NUR FÜR REICHE)

A n meinem ersten offiziellen Unitag in Cambridge hatte ich nicht genug Geld, um mir ein Frühstück zu kaufen. Mein Stipendium war noch nicht eingegangen, ich hatte irgendwas bezahlen müssen und irgendwie war ich pleite aufgewacht. Es war alles kein Weltuntergang. Ich wusste ja, dass mein Geld bald eintrudeln würde, aber hungrig war ich trotzdem. Ich bin nicht gerne hungrig. Ich lief also von meinem WG-Haus ins College, wo irgendeine Einführungsveranstaltung für neue Studenten stattfinden sollte, hörte meinem Magen beim Grummeln zu und fragte mich, wie ich den Tag ohne Essen und ohne Geld wohl überstehen sollte.

Alles wurde noch schlimmer, als ich auf dem Weg zur Veranstaltung, genau vor dem Saal, an einem großen Buffet vorbeikam. Bergeweise frisch gebackene Croissants dufteten mit Teigschnecken und Schokoladenknoten um die Wette. Ich stellte mich in die Studentengruppe, die wie ich wohl auf die Einführungsveranstaltung wartete, und starrte mit großen Augen und knurrendem Magen aufs Buffet. Ob es wohl jemand merken würde, wenn ich jetzt ein Croissant nähme, fragte ich mich kurz. Wie peinlich wäre es, wenn ich gleich an meinem ersten Tag in Cambridge wieder rausgeschmissen werden würde, weil ich was stibitzt hatte? Während ich da so stand und gierte, bauten junge uniformierte Menschen – weiße Hemden, schwarze Hosen und Westen – immer mehr Essen vor mir auf, brachten dampfenden Tee und Kaffee, Teller und Tassen mit goldenem Rand, auf denen das Wappen von St. John's dunkelrot prangte. Alles wirkte imposant, überbordend, köstlich. Was für eine elitäre Veranstaltung das sein musste, für die man so ein schönes Buffet aufbaut, fragte ich mich. Ich will da auch dazugehören. Ich will auch aus einer Wappentasse Tee trinken und buttrig zerfallende Teigteilchen essen. Ich wurde immer verzweifelter. Mein Magen fing an zu bellen.

Plötzlich hörte ich ein Räuspern. Es war so ein junger Uniformierter, der ganz leise zu mir sprach, sodass nur ich ihn hören konnte.

»Sie können sich bedienen«, sagte er.

»Echt?«, fragte ich.

»Ja, es ist für Sie«, antwortete er.

Ich konnte es kaum glauben.

»Ich habe aber kein Geld«, fiel mir ein und der Funken Hoffnung erlosch genauso schnell, wie er aufgeglimmt war.

»Nein, nein, es ist umsonst«, antwortete der Uniformierte. »Soll ich Ihnen einen Tee oder Kaffee bringen?«

Selten hat mir ein Croissant so gut geschmeckt. Und das lag nicht nur an meinem Hunger oder an meiner Freude, etwas umsonst zu bekommen, sondern auch daran, dass das Essen in St. John's einfach herausragend ist.

Nach ein paar Minuten aßen die meisten der neuen Studenten, mit denen ich da wartete. Allerdings aßen nicht alle gleich. Manche waren voller Begeisterung. Es waren Leute wie ich, die immer noch nicht glauben konnten, dass sie Essen umsonst bekamen. Und auch noch gutes! Ich konnte mich nicht erinnern, dass mir das in einer deutschen Uni jemals passiert war. Das Höchste, worauf man in Deutschland hoffen konnte, waren ein paar Kekse oder irgendwelche Kuchenverkäufe für einen guten Zweck. Und bei Letzteren musste man ja auch bezahlen. Aber richtiges Essen umsonst? Wohl eher nicht.

Die andere Hälfte der Studenten ließ das Essen vollkommen kalt. Sie zupften lustlos an ihren Croissants. Ließen halb leere Teetassen stehen. Für sie war kostenloses Essen das Geld nicht wert, das sie nicht bezahlen mussten. Später erkannte ich erst, dass die Unterschiede zwischen diesen zwei Gruppen viel größer waren als nur das Essverhalten. Der Unterschied war der zwischen Menschen, die es gewohnt waren, Dinge umsonst zu bekommen, und solchen, die die Grunderfahrung gemacht hatten, dass man im Leben nichts umsonst bekommt. In anderen Worten: An der Art, wie die Studenten auf das Buffet reagierten, konnte man ablesen, woher sie kamen. Die »Armen« – und mit arm meine ich einfach nur Durchschnitt, nicht bettelarm, nicht stinkreich – waren begeistert. Für die Reichen gab es überhaupt keinen Grund zur Freude. Alles war *business as usual*.

Bei diesem Buffet wuchs in mir ein Verdacht, der sich über die Jahre in Oxbridge nur erhärtete: Je reicher man ist, desto weniger muss man bezahlen. Wer wirklich reich ist, bekommt eigentlich alles umsonst. Nur die Armen müssen immer zahlen.

Als die Einführungsveranstaltungen zu Ende waren, bekamen wir wieder Tee, Kekse und Kuchen – auch umsonst. Später gab es ein viergängiges Immatrikulationsessen, für das wir nichts bezahlten. Danach gab es Sherry und Wein beim Senior-Tutor – natürlich gratis. An meinem ersten Unitag in Cambridge speiste ich königlich; dass ich kein Geld hatte, war vollkommen egal.

Auch nach diesen ersten Tagen konnte ich damit rechnen, dass ich für mindestens vier Mahlzeiten in der Woche nicht bezahlen musste. In Oxford aß ich mittwochs Mittagessen in der englischen Fakultät umsonst. Donnerstag- oder freitagnachmittags gab es *welfare tea* im College – also eine Seelsorgeveranstaltung, bei der die Seelsorge hauptsächlich in Form von Kuchen erbracht wird. Samstag- oder sonntagabends gab es Pizza im College. Ab und an war unter der Woche Wein-und-Käse-Nacht. Kekse gab es sowieso immer, überall und meistens umsonst. Wenn ich sonntagmorgens in die Kirche ging, gab es danach ein *English Breakfast*. Freitags bekam man in der *Jewish Society* eine Shabbat-Mahlzeit geschenkt. Kleingeister mögen jetzt meinen, man müsse sich entscheiden: Kirchenwürstchen oder Shabbat-Mahl. Aber wo Essen umsonst serviert wird, bin ich agnostisch.

Natürlich kann man einwenden, dass keine dieser Mahlzeiten wirklich umsonst war. Schließlich bezahlt man ja 9000 £ pro Jahr nur für das Privileg, studieren zu dürfen – da waren ein paar Gratiswürstchen ja wohl das Mindeste. Was man dabei aber nicht vergessen darf, ist, dass man an allen Universitäten Englands diese Studiengebühren bezahlt, aber nur in Oxbridge bergeweise hochqualitatives Essen umsonst bekommt. Diesen Eindruck bestätigten über die Jahre Freunde, die vor ihrer Schlemmerzeit in Oxbridge in Hull oder Warwick studiert hatten.

Universitäten – vor allem englische Universitäten – sind sozioökonomische Blasen. Wer einer Universität beitritt, der verlässt seine eigene Klasse und tritt der Klasse der Universität bei. Egal, wie viel persönlichen Reichtum man hat, wer einer reichen Universität angehört, ist reich. In Oxbridge lebt man, als wäre man reich, selbst wenn man sich verschuldet, um da sein zu können.

Viele meiner besten Oxbridge-Freunde waren nicht reich. Ihre Eltern hatten ziemlich normale Berufe. Sie selbst nahmen große Kredite auf, um ihr Studium überhaupt finanzieren zu können. Und trotzdem taten sie Dinge, die eigentlich nur reiche Menschen tun – trainierten teure Sportarten wie Tennis und Polo oder lernten Instrumente, die sie sich nie hätten leisten können –, einfach nur, weil sie auf einmal umsonst waren. Wir fingen auch an, wie reiche Menschen zu sprechen. Lachten über betont desinteressiert vorgetragene Wortspiele *(Puns)*, deren Pointe zum Beispiel auf der sprachlichen Nähe der Worte »hot boys« und »hautbois« (Oboe) basiert. Wir kannten den Unterschied zwischen *Fondant-, Parisienne-,*

Dauphinoise- und *Duchess*-Kartoffeln – ohne dass wir uns besonders fürs Kochen interessierten. Und wussten, ob wir lieber Perlhuhn, Rebhuhn oder Fasan aßen. Und nach und nach aßen wir diese Dinge auch wie reiche Menschen, lernten die Regeln der *upper class*, drehten unsere Gabeln um und stapelten einzelne Erbsen auf den Gabelrücken, anstatt sie schnöde zu schaufeln. Wer den kleinen Finger beim Teetrinken spreizte, legte ihn bald beschämt wieder an und lernte über solche Affektiertheit müde zu lachen.

Bei meinem ersten Essen in St. John's saß mir ein Zweitsemesterstudent gegenüber. Er schnappte sich die Menükarte, die zwischen den Kerzen auf dem Tisch stand. Noch bevor er draufschaute, stellte er launisch fest: »Es ist bestimmt Perlhuhn. Wenn ihnen wirklich überhaupt nichts mehr einfällt, ist es immer Perlhuhn.«

Da ich zu diesem Zeitpunkt noch nie Perlhuhn gegessen hatte, schien mir seine Aussage der Gipfel der Dekadenz. Aber nach ein paar Monaten hatte auch ich mich an diese Delikatesse so sehr gewöhnt, dass sie mir nur noch ein gelangweiltes Wortspiel entlocken konnte. Perlhuhn vor die Säue.

Perlhuhn schmeckt übrigens ziemlich mild, fast so nichtssagend wie normales Huhn. Rebhuhn und Fasan schmecken deutlich wilder. Schwan, ein Tier, welches nur die königliche Familie und die Mitglieder von St. John's, Cambridge, essen dürfen, schmeckt vor allem tranig. Und von den gut 15 Kartoffelzubereitungsarten, die ich in Oxbridge kennenlernte, mag ich *Pomme de Terre au Gratin Dauphinois* am liebsten: ein cremiger Gratin ohne Käse aus nicht vorgekochten Kartoffeln. Wer sein Studium hindurch nur in deutschen Mensen speist, wird solche wichtigen Erkenntnisse nie haben und höchstens zwischen Salzkartoffeln und Fritten zu unterscheiden lernen. Und wahrscheinlich nie auch nur eine einzige Fasanenbrust serviert bekommen. Dafür aber deutlich mehr Geld in der Mensa lassen.

In Oxbridge bekommt man – wenn man von den Studiengebühren mal absieht – großen Luxus für kleines Geld. Wobei auch das nicht allgemeingültig ist. Denn auch innerhalb von Oxbridge gibt es enorme Klassenunterschiede. Auf die College-Wahl kommt es an. Ich war in meiner Oxbridge-Zeit Mitglied zweier sehr unterschiedlicher Colleges. Erst war ich in St. John's, Cambridge. Danach in Somerville, Oxford. St. John's ist das zweitreichste College in Cambridge. Nur Trinity, der direkte Nachbar und größte Feind, ist noch reicher. Auch in Oxford gibt es ein St. John's, welches enorm reich ist. So reich sind diese Colleges, dass sich noch immer das Gerücht hält, man könne die 130 km von Oxford nach Cambridge laufen, ohne jemals Land zu betreten, welches nicht einem der beiden St. John's gehört. Auch wenn das nicht ganz stimmt, ist es trotzdem wahr, dass beide St. John's kilometerweise Land und Immobilien besitzen. St. John's, Cambridge, hat ein Vermögen von ca. 780 Millionen Pfund. Tendenz steigend.

Anders als St. John's liegt mein zweites College, Somerville, Oxford, finanziell im Mittelfeld. Es hat zwar in den letzten Jahren ein beeindruckendes Vermögenswachstum erlebt, aber immer noch »nur« 218 Millionen Pfund. Dieser

Unterschied lässt sich dadurch erklären, dass St. John's über 500 Jahre alt ist und Somerville gerade mal etwas über 130. Das ist ein bisschen wie in Vampirfilmen, in denen die Vampire reich sind, einfach, weil sie schon so lange leben und auch die konservativste Anlage nach ein paar Hundert Jahren enorme Dividenden ansammelt. St. John's ist ungefähr viermal so alt wie Somerville – hatte also viermal mehr Zeit, um Geld zu akkumulieren. Hinzu kommt, dass dieses Vermögen sich auch aus Spenden von Alumni zusammensetzt. Zentrum der Finanzierung Oxbridger Colleges ist, dass Alumni, also Absolventen, zeitlebens spenden und nach dem Tod einen Teil, wenn sie keine Kinder haben gerne auch alles, ans College vererben. Die Colleges sind natürlich alle »gemeinnützige Einrichtungen« und dadurch steuerbefreit – warum, weiß kein Mensch. Ein weiterer Unterschied zwischen den Finanzen von St. John's und Somerville ist der *Gender Pay Gap* – der Vermögensunterschied zwischen Männern und Frauen. St. John's war bis in die 1980er ein Männercollege. Somerville war bis 1994 ein reines Frauencollege. Frauen verdienen statistisch weniger und haben historisch weniger (bis kein) Vermögen besessen und konnten daher auch nicht viel vererben. Ist nicht fair, aber fair ist an den Finanzen Oxbridger Colleges recht wenig.

Diese finanziellen Ungleichheiten der Colleges könnten den Studenten natürlich herzlich egal sein, wenn sie nicht spürbare Folgen fürs tägliche Leben hätten. Denn je mehr Geld ein College hat, desto mehr kann es seine Studenten subventionieren. In St. John's sind die Mieten –

gerade im Vergleich zu anderen Colleges oder Wohnraum, der nicht von Colleges besessen wird – ein paar Hundert Pfund pro Jahr niedriger, die Standards gleichzeitig etwas höher. Das Essen ist überdurchschnittlich gut, sodass irrwitzige Zutaten wie Perlhuhn langweilig werden, und gleichzeitig billig. Jede Freizeitaktivität, jeder Club wird subventioniert. Im Detail klingt es wie eine Sammlung an Lappalien – na und, dann zahlt man woanders halt 3 € für eine Ladung Wäsche oder zahlt 4 € statt 2 € für eine warme Mahlzeit. Aber all diese Summen läppern sich. Nirgendwo konnte ich so billig oder so gut leben wie in St. John's.

Manchmal behaupten *Tories,* also Angehörige der konservativen Partei, gerade solche, die Bentleys und Butler haben, sie könnten problemlos vom sehr niedrigen englischen Arbeitslosengeld leben. Sie sagen das, um zu begründen, dass man natürlich noch weitere Sparmaßnahmen durchsetzen könnte, ohne damit irgendjemanden zu gefährden. Aber, davon bin ich überzeugt, sie sagen es auch, weil sie das wirklich glauben. Viele Tories sind aus Eton direkt an reiche Oxbridge-Colleges gegangen. Das erste Mal, dass sie wirklich für sich selbst sorgen mussten – Essen bezahlen, Wäsche waschen –, war in Oxbridge. Wenn man persönliche Finanzen in einer Welt gelernt hat, in der Wäsche waschen umsonst ist, einmal am Tag ein *Bedder* das Zimmer sauber macht, man pausenlos mit Gratiskuchen gefüttert wird und eine warme Mahlzeit – sagen wir Fasanenbrust an Fondantkartoffeln – keine 3 £ kostet, ist es nicht überraschend, dass man denkt, man könne für 5 £ am Tag doch ziemlich gut leben. Die schlimmsten Auswüchse der Sparsamkeitspolitik sind, ohne dass man die Tories insgesamt für Monster hält, vollkommen nachvollziehbar, wenn man bedenkt, dass sie Haushaltsführung in einer maßlos subventionierten Welt kennengelernt haben. Und wer von seinem College so viel finanzielle Unterstützung bekommen hat – die aber natürlich niemals offen deklariert wird –, kommt schnell auf die Idee, dass doch kein Mensch Hilfe vom Staat braucht. Oxbridge ist im Grunde ein Sozialstaat im Staat – nur einer, der so gut funktioniert, dass er ironischerweise Menschen hervorbringt, die die Notwendigkeit eines Sozialstaates gar nicht mehr erkennen können. Denn wie soll jemand, der im Zweifelsfall immer gutes Essen umsonst bekommen kann, verstehen, was es heißt, echten Hunger zu leiden?

Natürlich betrifft das wie immer nicht alle. Oxbridge – Welt der Widersprüche – bringt aus den gleichen Gründen auch überzeugte Sozialisten hervor, nämlich genau dann, wenn es einen dazu bringt zu erkennen, dass man stark subventioniert wird, dass man im Grunde in einem Sozialstaat lebt und dies doch eigentlich gar nicht so schlecht ist und alle anderen das auch haben sollten. Das wirklich Merkwürdige ist, dass man in reichen Colleges wie St. John's entweder ein enormes Bewusstsein für das englische Klassensystem entwickelt – weil man versteht, wie absurd privilegiert man im Vergleich zur Außenwelt ist –, oder aber man wird vollkommen blind für Klassenunterschiede, weil es sie innerhalb eines reichen Colleges gar nicht mehr gibt. Denn hier werden alle Studenten – arme und reiche – so stark subventioniert, dass arm und reich zu vollkommen irrelevanten Kategorien werden.

Wenn ein College reich ist, kann man in ihm für sehr wenig Geld den Lebensstandard eines sehr reichen Menschen haben. Zugegeben, den eines sehr reichen Engländers (also ohne vernünftige Rohre und Fenster), aber immerhin enorm reich: fantastische Dinners, super Freizeitprogramm und gigantische Partys inklusive. Wenn man einmal in St. John's ist, muss man nicht mehr adlig sein, um die Queen kennenzulernen. Sie kommt einfach so zu Besuch und bringt auch noch Kuchen mit, für den man natürlich nicht bezahlen muss. Und man steht ohne besondere VIP-Kontakte auf der Gästeliste für eine Party, die laut *Time Magazine* die siebtkrasseste Party der Welt ist.

In den reichen Oxbridge-Colleges sind alle gleich. Solche Colleges halten, was der Sozialismus verspricht: Reichtum für alle!

Zumindest für alle, die reinkommen.

IF IT'S MEANT TO BE:
WIE MAN REINKOMMT

J etzt wird es schmerzhaft. Also schmerzhaft für mich. Rein chronologisch und überhaupt logisch hätte das, was jetzt kommt, als Erstes kommen müssen. Das wollte ich aber nicht. Ich fand's besser, wenn wir uns erst mal kennenlernen, bevor ich meine Wunden bloßlege.

Man könnte das Ganze natürlich auch ohne Wundschau machen. Ich war in meiner Zeit in Oxbridge an fünf Auswahlkommissionen beteiligt. Ich habe Hunderte Tests ausgewertet und Empfehlungen gegeben. Ich habe bergeweise Bewerbungen gelesen, zusammengefasst und nach Tauglichkeit sortiert. Bei ein paar Auswahlgesprächen habe ich beigesessen und noch viel mehr habe ich aus Nachbarzimmern belauscht – nicht absichtlich, sondern weil die Wände oft nicht so dick waren. Eigentlich habe ich über die Jahre genug Erfahrungen gesammelt, um darüber schreiben zu können, wie man nach Oxbridge kommt, ohne darüber schreiben zu müssen, wie ich selbst nach Oxbridge gekommen bin.

Ich erzähl's trotzdem.

Eines meiner Lieblingsbücher ist *Jude the Obscure* von Thomas Hardy. Es ist ein spätviktorianischer Schinken, den ich nur einmal in meinem Leben gelesen habe und auch nie wieder lesen werde, weil ich das emotional nicht noch mal ertragen kann.

Es geht in *Jude the Obscure* – der Titel ist schwer zu übersetzen, die genaueste Übersetzung ist vielleicht *Juda der Unbekannte* – um einen Jungen aus der Provinz, der davon träumt, an der Universität Christminster zu studieren. Diese Universität Christminster ist ein nur leicht fiktionalisiertes Oxford. Es geht also in *Jude the Obscure* um einen einfachen Jungen, der aus Bildungsdrang und Ehrgeiz an eine Universität will, die eindeutig überhaupt nicht für Menschen wie ihn gemacht ist. Weil er nicht aus gutem Hause kommt und daher auch nicht den entsprechenden Bildungshintergrund hat, hat Jude keine Chance. Trotzdem versucht er es, bringt sich neben seiner Arbeit als Steinmetz selbst Altgriechisch und Latein bei. Er arbeitet hart, versucht alles und scheitert auf ganzer Linie – akademisch und privat. Christminster – Oxbridge – bleibt ein unerreichbarer Traum, während sein Leben zum Albtraum wird.

Ich habe in meinem Leben viele unbekannte Judes kennengelernt. Menschen, deren Hintergrund sie wirklich nicht für Oxbridge prädestiniert, die aber trotzdem – oder gerade deswegen – von Oxbridge besessen sind. Für Außenstehende wirken diese Judes wie Verrückte. *Weißt du denn nicht, dass du keine Chance hast,* muss man sich als Beobachter fragen. Doch, sie wissen es. Aber sie können es trotzdem nicht lassen. Es ist eine Obsession, die man kaum erklären kann. Kein Jude kann Oxbridge aufgeben. Ich weiß es, ich war selbst mal einer.

Woher kommt diese Obsession? Für mich kann ich zwei Erklärungen finden. Die erste ist ganz vernünftig; die zweite ist, ehrlich gesagt, bescheuert. Ich fürchte, die zweite stimmt. Die vernünftige Erklärung ist, dass ich davon überzeugt war – nicht zu Unrecht, wie sich herausstellte –, dass mich Oxbridge meinem Berufswunsch näher bringen würde. Mein Berufswunsch, mit leichten Schwankungen, aber eigentlich seit meinem zwölften Lebensjahr, war es, Schriftsteller zu werden. Ein logischer Schritt auf dem Weg zum Schriftsteller wäre es gewesen, sich für eine Schreibschule zu bewerben. Das tat ich nie. Meine Herangehensweise war nicht: Wo lernt man schreiben?, sondern: Wo haben meine Vorbilder schreiben gelernt? Und fast alle meine literarischen Vorbilder hatten eines gemeinsam: Sie waren in Oxbridge gewesen. Was man studiert, stellte ich schnell fest, ist fast egal. Solange man es in Oxbridge tut.

Da man sich für einen *undergraduate degree* – also einen Bachelor – nur entweder in Oxford oder Cambridge bewerben darf, musste ich mich entscheiden: Wollte ich lieber in Oscar Wildes Oxford oder in Stephen Frys Cambridge studieren? Ich entschied mich für Cambridge, weil es hieß, dass Oxford eher die Uni für Politiker, Cambridge eher die für Schauspieler und *Comedians* ist. Die Vorstellung, mit der nächsten Emma Thompson oder dem nächsten Hugh Laurie – damals war *Dr. House* ein Serienhit und Hugh Laurie ein sehr überraschendes Sexsymbol – zu studieren, reizte mich mehr als die nächste Margaret Thatcher.

Die unvernünftige Erklärung für mein Streben nach Oxbridge ist die: Ich habe lebenslang eine Neigung zum Grübeln, zum Existenzialistischen, zum Sorgenmachen und Angsthaben. Am Abend meines 18. Geburtstags fragte mich meine beste Freundin, die ein halbes Jahr älter ist als ich, ob ich, seitdem ich 18 bin, auch häufiger über den Tod nachdenke. Die ehrliche Antwort ist: Nicht erst, seitdem ich 18 bin. Irgendwie habe ich einen Hang zu dunklen Gedanken, die, wenn ich mich einfach treiben lasse, das Potenzial zur Depression haben.

Das Einzige, was gegen dieses depressive Potenzial zu helfen scheint, ist ein Kummer, der so dringlich wirkt, dass ich darüber die Depression ganz vergesse. Scheitern, ein unerreichbares Ziel, das tut gerade weh genug, damit man den Weltschmerz nicht mehr spürt. Es ist viel schöner, nachts im Bett darüber zu verzweifeln, dass man es niemals nach Cambridge schaffen wird, als darüber, dass ich und alle Menschen, die ich liebe, sterben werden, dass nichts von uns übrig bleiben wird, dass selbst Häuser bauen, Bäume pflanzen, Kinder kriegen und Bücher schreiben nur ein Aufschub des Unvermeidbaren ist.

Zumindest war das damals so, als ich ein morbider Heranwachsender war. Heute bin ich Gott sei Dank ein ausgeglichener Freudenflummi, der schreibt, weil es so viel Spaß macht, und jeden Morgen singend aufwacht.

In jedem Fall, mit 17 war ich besessen. Cambridge *musste* es sein. Und Cambridge musste es sein, mit einem brennenden Verlangen, das mir nachts den Schlaf raubte. Und je mehr die Welt nicht an mich glaubte, desto dringender wollte ich es.

Ich recherchierte also den Bewerbungsprozess, der damals schon online stattfand, und die Colleges.

Da ich ja niemanden kannte, der irgendwelche Cambridge-Erfahrungen hatte und mir sagen konnte, worauf ich bei der College-Wahl achten soll, fuhr ich kurzerhand selbst nach Cambridge. Meinen kleinen Bruder nahm ich zur moralischen Unterstützung mit. Aus der Sicht eines Neunjährigen sehen übrigens nach dem vierten College alle weiteren Colleges gleich aus. Trotzdem gingen wir von den 31 Colleges gut 28 ab.

Am Ende entschied ich mich für ein kleines College im Stadtzentrum. Der Grund dafür war weder architektonisch noch geografisch. Es lag daran, dass in diesem College eine Studentin auf mich zukam und mich fragte, ob sie mir helfen könne. Wir kamen ins Gespräch und ich fand die Studentin nett. Wenn ich hier studieren würde, hätte ich wenigstens schon eine nette Bekannte. Die Studentin war selber im ersten Jahr, konnte sich also an den Bewerbungsprozess erinnern und hatte Verständnis und Mitleid. Wir tauschten E-Mail-Adressen aus. Zum Abschied gab sie mir einen Tipp: »Don't worry too much. If it's meant to be, it will be.« »Mach dir keine Sorgen. Wenn es sein soll, wird es sein.« Da war sie sich ganz sicher. Das Auswahlverfahren ist gut. Wenn du hierhergehörst, werden sie dich erwählen. Wenn sie dich nicht erwählen, dann gehörst du auch nicht hierher. Auf keinen Fall, so meinte sie, sollte man es noch mal versuchen. Entweder es klappt, oder es klappt nicht. The end.

Wieder in Deutschland überzeugte ich meine Klassenlehrerin, mir eine Empfehlung zu schreiben. Meine Klassenlehrerin hatte in ihrem Leben noch nie eine Empfehlung für Oxbridge geschrieben und sagte nur unter der Bedingung zu, dass ich ihr eine Vorlage für die Empfehlung schrieb. Also schrieb ich meine eigene Empfehlung.

Was man als deutscher 17-Jähriger übrigens nicht kann, ist Universitätsempfehlungen für Oxbridge schreiben. Selten hat ein so peinliches Dokument Tageslicht gesehen. Wobei alle Dokumente, die ich damals einreichte, wohl einen ähnlichen Peinlichkeitsgrad hatten. Peinlichkeit entsteht, wenn man voller Hingabe und mit größter Mühe etwas tut, was man einfach nicht kann. Das ist, als würde man Menschen, die nicht singen können, im betrunkenen Zustand ein Mikrofon in die Hand drücken. Das Schlimme ist, dass sie ja meistens gar nicht wissen, dass sie nicht singen können. Im Gegenteil, im betrunkenen Zustand hört sich auf einmal alles gut an. »Ich kann es ja doch!«, denkt der Betrunkene und singt umso lauter und umso schiefer. Genau so war meine Bewerbung.

Der Bewerbungsprozess in Oxbridge ist zwei- bis dreiteilig. Je nach Fach und College gibt es Unterschiede, aber im Grunde läuft es so: Erst schickt man eine schriftliche Bewerbung. Diese enthält einen Lebenslauf, ein Motivationsschreiben, Referenzen von Lehrern und oft auch ein Beispiel einer schriftlichen Arbeit. Im Regelfall ist das in England ein Essay. Da wir in Deutschland keine

Essays schreiben, fangen hier die Schwierigkeiten schon an. Ich reichte eine Buchbesprechung aus dem Englischunterricht ein. Und wie der Betrunkene wusste ich nicht mal, dass das, was ich da abgab, wirklich keinerlei Ähnlichkeit mit dem hatte, was die Prüfenden sehen wollten.

Der zweite Teil der Bewerbung – wenn es so weit kommt – sind ein oder zwei persönliche Bewerbungsgespräche. Zu diesen Gesprächen wird man nur eingeladen, wenn es zumindest auf dem Papier die realistische Möglichkeit einer erfolgreichen Bewerbung gibt. Das heißt: wenn die Noten gut genug sind. Meine Noten waren gerade so gut genug. 1,0 war ich nie. Ehrlich gesagt, war ich lange ein Dreier-Schüler mit Vieren in Latein und manchmal auch Mathematik – Erstere deutlich zu Recht, Letztere ebenso deutlich zu Unrecht, weil ich immer mit einem anderen Lösungsweg zum richtigen Ergebnis kam, woran sich bis heute wenig geändert hat.

Erst in der Oberstufe schossen meine Noten nach oben. Zum einen dank einer fantastischen Biologielehrerin, die mir mal unter eine Vier schrieb, dass es auch eine Eins hätte werden können, wenn ich neben generellem Verständnis auch mal ein bisschen was lernen würde – eine Idee, auf die ich vorher nie gekommen war. Zum anderen, weil ich ja zur Oberstufe, mit einem Schnitt von drei Komma peinlich, entschied, dass ich nach Cambridge musste, um Schriftsteller zu werden. Also fing ich an zu lernen. Und da ich mal gelesen hatte, dass 1,3 der Schnitt ist, ab dem man nach Cambridge kann, lernte ich bis 1,3 und keinen Millimeter weiter. »Work smart, not hard«, sagte Dr. House mal – also Hugh Laurie aus Selwyn College, Cambridge. Daran halte ich mich bis heute.

1,3 reichte tatsächlich und ich bekam eine Einladung zum Bewerbungsgespräch. Schon das kam mir vor wie ein großer, unerwarteter Triumph.

Mein Interview-Termin war Anfang Dezember und zwischen dem Brief und diesem Gespräch lernte ich monatelang wie eine Wahnsinnige. Ich hatte davor schon angefangen, das Gesamtwerk Shakespeares zu lesen, und fokussierte jetzt alle meine Aufmerksamkeit auf *Hamlet*. Wie ein Stalker lernte ich alles, was es zu *Hamlet* zu wissen gab – und das, obwohl mir *Hamlet* von allen Shakespeare-Stücken am wenigsten gefällt. Ich glaube, ich dachte, wenn ich es schaffe, *Hamlet* zu lieben, dann müssen sie mich ja praktisch aufnehmen.

Wozu ich in dem ganzen Interview übrigens nie auch nur eine einzige Frage gestellt bekam, war *Hamlet*. Oder Shakespeare. Wenn man als Provinzler versucht sich in Eigenregie auf so ein Gespräch vorzubereiten, ist das Problem, dass man fast unvermeidbar Unmengen von Energie in das genau Falsche investiert.

Was nicht heißen soll, dass ich von meinem unmenschlichen *Hamlet*-Wissen nie profitierte. In Deutschland kann man mit akribischem *Hamlet*-Wissen sehr gut Allgemeinbildung vortäuschen. In England bringt es einem wenig. Da ja alle *Hamlet* in der Schule durchgenommen haben, ist kein Mensch beeindruckt, wenn man *Hamlet* kann. Das ist so, als wenn sich ein Deutscher für gebildet hält, weil er *Tatort* schaut.

Der dritte Teil des Auswahlverfahrens ist ein schriftlicher Test. Nicht alle Fächer und nicht alle Colleges verlangen einen Test und nicht alle Tests sind gleich. Im Grunde haben sie aber gewisse Ähnlichkeiten. Ich habe in meinem Leben mindestens 300 dieser Tests benotet – leider erst, nachdem ich meinen eigenen versemmelt hatte. Im Prinzip gibt es zwei Möglichkeiten, wie so ein Test aussehen kann: Entweder man bekommt eine ziemlich allgemeine Frage, die nicht immer den offensichtlichsten Bezug zu dem Fach hat, welches man studieren will. Oder man bekommt etwas – ein Bild, einen Text, eine Aussage –, die man diskutieren muss. Zum Beispiel: »Man is a social animal. Discuss.« Also: »Der Mensch ist ein soziales Tier. Diskutiere das.« Manchmal enthält dieser zweite Typ auch einen Vergleich. Ich musste damals zwei Texte vergleichen, die beide einen diplomatischen Besuch darstellten. Einen dieser beiden Texte erkannte ich Jahre später als eine Szene aus Virginia Woolfs *Orlando*. Beim zweiten weiß ich bis heute nicht, was es eigentlich war.

Auf jeden Fall hat man für diesen Test relativ wenig Zeit. Irgendwas zwischen 30 und 90 Minuten, je nach Fach. Zeit zum Nachdenken hat man definitiv keine. Es ist also dringend nötig, dass man das Schreiben von Essays wirklich gut beherrscht. Das korrekte Strukturieren der Absätze, das Schreiben von Einleitung und Konklusion und vor allem das Formulieren und Belegen einer eigenen Position, all das muss man im Schlaf können, wenn man hier gut abschneiden möchte. Die meisten Engländer, gerade die der Privatschulen, die in England ironischerweise *Public Schools* heißen, haben das von klein auf geübt. Die meisten Deutschen haben davon keine Ahnung. Auch wenn viele vielleicht denken mögen, dass man in deutschen Schulen nichts anderes macht, schließlich ist eine der geforderten Aufsatzarten an deutschen Schulen ja die »Erörterung«, das stimmt nicht. Als Dozent habe ich an einer deutschen Uni fast alle meine Studenten solche Essays schreiben lassen und habe nie auch nur einen einzigen Essay bekommen, der den formalen Anforderungen des englischen Essays genügt. An deutschen Schulen schreibt man eben Erörterungen, Erlebnisaufsätze, Buchbesprechungen und Klausuren und an deutschen Unis hauptsächlich Hausarbeiten – aber Essays schreibt man keine. Der Essay ist eine Kunst, die hierzulande nicht gelehrt, in Oxbridge-Aufnahmetests aber als Schülerwissen vorausgesetzt wird. Wenn man so einen Test bestehen will, ist es also die erste Aufgabe, diese Fähigkeit zu erwerben.

Es gibt natürlich viele Bücher, die einem das Essayschreiben Schritt für Schritt beibringen. Man kann solche Bücher kaufen und durcharbeiten. Wenn man das tut, am besten mithilfe von jemandem, der es bereits kann, zum Beispiel einem Angelsachsen, dann kann natürlich auch ein Nicht-Brite bestehen. Dafür muss man aber erst mal wissen, dass einem diese Fähigkeit fehlt und dass sie von einem erwartet wird. Ich hatte keine Ahnung.

Der Test und das Bewerbungsgespräch finden meistens am selben Tag statt, um Unterbringungskosten zu sparen. Denn die Bewerber werden – zumindest war das in meinem Fall so – auf College-Kosten im College selbst untergebracht. Ich bezog also am Abend vor meinem Test ein College-Zimmer, welches in etwa 5 m² maß, also etwas kleiner war als die durchschnittliche deutsche Gefängniszelle. Ich dachte natürlich, dass sie nur für solche Testzwecke so kleine Zimmer haben, wurde dann aber informiert, dass dieses Zimmer eigentlich von einer Bachelor-Studentin ganz regulär bewohnt wird. Ich war kurz überrascht, insgesamt aber so besessen von Cambridge, dass ich mir praktisch nichts Erhaberenes vorstellen konnte, als den Rest meines Lebens in so einer Schuhschachtel zu verbringen.

Vor dem Zubettgehen machte ich noch einen kleinen Spaziergang. Ich suchte die Studentin, die ich bei meinem letzten Besuch getroffen hatte. Die, die zu mir gesagt hatte: »Wenn es sein soll, wird es passieren.« Finden konnte ich sie nicht und auch auf meine E-Mail kam keine Antwort. Danach spazierte ich ein bisschen durch Cambridge. Kaufte mir einen Tee und lief dann in die Dezembernacht. Ich lief am King's College mit seiner riesigen gotischen Kathedrale vorbei. Ich folgte dem Fluss Cam, der vor Kälte wie in Zeitlupe zu fließen schien. Irgendwann kam ich zum Queens' College. Hier hatte Stephen Fry studiert. An der *Mathematical Bridge* hielt ich an und betrachtete das Arrangement, in dem aus vielen kerzengraden Holzbalken ein sanft geschwungener Bogen wurde. Ich stieg runter zum Flussufer und setzte mich in einen *Punt,* einen hölzernen Stocherkahn, welcher mit einer Plane überdacht am Ufer geparkt war.

Beim Spazieren war es dunkel geworden. Alles war ruhig. Nur das Wasser plätscherte ab und an gegen meinen *Punt*. Die Nacht war kalt und außergewöhnlich klar. Über mir funkelten die Sterne. In der Ferne sang ein Chor. Ein sanfter Wind trug von Zeit zu Zeit eine Note an mein Ohr. Es war der friedlichste Moment, den ich jemals erlebt habe. Ich schaute hoch und sah eine Sternschnuppe über mir glühen. »If it's meant to be, it will be«, dachte ich. Wenn es passieren soll, wird es passieren. Und in diesem Moment wusste ich: It's meant to be. Ich wusste nicht, ob es Schicksal war oder göttliche Fügung, aber eines wusste ich mit absoluter Sicherheit: Sie würden mich aufnehmen. Ich gehörte hierher.

Vier Wochen später erhielt ich eine Absage.

FAILING TO SHINE:
WIE MAN NICHT REINKOMMT

W as war schiefgegangen? Heute erscheint mir schon die Frage Irrsinn. Es ist, als würde man jemanden, der in seinem Leben noch nie einen Ball gesehen hat, fragen, warum er nicht in die Fußball-nationalmannschaft aufgenommen wurde.

Oxbridge ist wie Leistungssport. Nur dass sich im Leistungssport keiner darüber wundert, dass Leute, die dafür trainiert werden, einen Vorteil haben. Auch für Oxbridge wird trainiert. Acht Privatschulen – unter anderem Eton, Westminster und St. Paul's – bringen zusammen genauso viele Schüler nach Oxbridge wie knapp 3000 der »normalen« Schulen. Auf diesen Privatschulen gehört neben Mathematik und Englisch auch Oxbridge-Unterricht zum Lehrplan. In diesen Schulen üben die Schüler jeden Aspekt des Testverfahrens. Solche Schulen stellen ihren Schülern private Oxbridge-Trainer zur Verfügung. Eton kann aus einem einzigen Grund von den Eltern seiner Schüler 36 000 £ – also gut 50 000 € – Schulgebühr pro Jahr verlangen: weil sie garantieren können, dass, wenn das Kind nicht vollkommen dämlich ist, Eton es nach Oxbridge bringt. Nachdem die Schüler von ihrem 13. bis zu ihrem 18. Lebensjahr von morgens bis abends nur für diesen einen Tag – das Auswahlverfahren – gedrillt werden, schaffen es tatsächlich ziemlich viele nach Oxbridge. Welch eine Überraschung.

Und jedes Jahr ist die englische Presse aufs Neue schockiert. Jedes Jahr, wenn die Briefe rausgehen und Eton und Co wieder mehr *offers* (also Studienplatzangebote) bekommen als die meisten anderen Schulen zusammen, ist der Aufschrei groß. Wenn man den englischen Zeitungen glaubt, ist ganz Oxbridge voll von dickensianischen Figuren, die die Armen hassen und Eton lieben.

Dabei ist das Gegenteil der Fall. Die Entscheidungen über die Aufnahme von Studenten werden in der Regel von Dozenten getroffen. Diese Dozenten sind meistens selber nicht in einer dieser Privatschulen gewesen, denn, seien wir ehrlich, wer in Eton war, wird nicht Hochschuldozent. Wer in Eton war, wird Premierminister (19 der 54 Premiers waren in Eton). Wer in Eton war, wird Vorstandsvorsitzender oder Medienmogul oder sonst irgendwas mit Geld und Ansehen und Macht. Universitätsdozenten haben weder Geld noch Ansehen und bis auf einmal im Jahr, wenn sie über die Auswahl entscheiden, haben sie auch keine Macht. Die meisten Dozenten sind unterbezahlt, überarbeitet, in Kurzzeitverträgen – das ist in Oxbridge nicht anders als an allen anderen Unis, nur dass Oxbridge aufgrund des guten Namens noch weniger bezahlt als der Rest. Die meisten Dozenten sind politisch eher links. Viele sind nicht mal Briten. Alle Dozenten, die ich kennengelernt habe, die Auswahlverfahren machen, finden Privatschulen doof. Wenn das Leben ein Ponyhof wäre, dann kämen alle Ponys von staatlichen Schulen aus sozialen Brennpunkten. In den Auswahlverfahren, an denen ich teilhatte, hatten benachteiligte Schüler einen rechnerischen Vorteil, meistens in Form von Zusatzpunkten, die offen und großzügig vergeben wurden. Oxbridger Dozenten wollen gerne weniger privilegierte Schüler. Was sie nicht wollen, ist Eton und Co.

Und gleichzeitig wollen sie die besten Studenten. Das wollen sie deswegen, weil sie die Schüler, die sie aussuchen, mit größter Wahrscheinlichkeit auch selber unterrichten werden. Es macht einfach mehr Spaß, gute Studenten zu unterrichten – das heißt Studenten, die großes Fachwissen und die Techniken des Schreibens, Lesens und Denkens bereits erlernt haben. Hinzu kommt, dass die Dozenten gute Studenten auch aus finanziellen Gründen wollen. Denn: je besser die Noten, die die Studenten eines Colleges bekommen, desto mehr Geld bekommt das College. Da die Prüfungen zentral sind, kann nach den Examen ein College-Schnitt berechnet werden. Diese Notenschnitte werden jährlich in Tabellen – in Oxford im *Norrington Table,* in Cambridge im *Tompkins Table* – veröffentlicht. Von ihnen hängt die Anzahl zukünftiger Bewerbungen und vor allem der Gelder ab. Sie legen die Rangordnung fest, in der Colleges miteinander konkurrieren. Während sich also die Dozenten als Privatpersonen oft Schüler mit weniger privilegiertem Hintergrund wünschen, haben sie als Akademiker und Vertreter eines Colleges nur eine Frage: Wie wird der Kandidat in den Prüfungen abschneiden?

Bei meinem ersten Dinner in Cambridge saß ich neben einem Studenten der Alten Philologien im ersten Jahr. Ganz nebenbei erzählte er mir, dass er jetzt Assyrisch lerne, weil er Latein seit seinem fünften und Altgriechisch seit seinem siebten Lebensjahr lernt und fließend beherrscht. Auf seiner Privatschule hat er dann dazu Altägyptisch gelernt, aber jetzt interessiere er sich eben für Assyrisch.

An meiner Schule war ich der erste Schüler seit 25 Jahren, der im Abitur Latein machte, und das musste ich mir hart erbetteln. Altgriechisch gab es an meiner Schule gar nicht. Ägyptisch und Assyrisch merkwürdigerweise auch nicht.

Wenn man Dozent für Alte Philologie ist und vor einem sitzen ein Bewerber, der bereits fließend Altgriechisch und Latein kann und gute Kenntnisse in Ägyptisch und Grundkenntnisse in Assyrisch hat, und ein Schüler, der gerade mal so ein Latinum hat, wen sollte man dann wohl aufnehmen?

Natürlich, die Aufgabe der Uni ist es, etwas beizubringen. Aber man muss schon sehr naiv sein, um zu denken, dass drei oder vier Jahre Bachelor reichen, um diesen Vorsprung, der seit frühester Kindheit antrainiert wurde, aufzuholen. Wenn man darauf wetten müsste, wer im altphilologischen Examen am Ende besser abschneidet – ich oder der Privatschüler –, wer würde dann auf mich setzen? Ich nicht.

Und zwar fast unabhängig davon, wie intelligent oder begeistert die Kandidaten sind. Wenn man eine Eiskunstlauf-Olympiamannschaft zusammenstellen müsste und da sind ein Läufer, der seit seinem fünften Lebensjahr trainiert und jetzt den dreifachen Axel locker springt, und ein Läufer, der zwar enorm talentiert ist, aber in seinem Leben noch nie Schlittschuhe anhatte und nach drei Schritten erst mal auf die Nase fällt, für wen würde man sich entscheiden? Also ich nähme den, der springt, und nicht den, der fällt. Es wäre die Höhe der Arroganz zu denken, dass ich den Rohdiamanten bis Olympia noch schleifen kann. Und wie erkennt man überhaupt einen Rohdiamanten, wenn er noch nie Schlittschuhe anhatte? Oder wie erkenne ich, dass jemand das Potenzial zum Stargeiger hat, wenn er noch nie eine Geige in der Hand hatte?

In meinem Absagebrief stand damals, dass man im Gespräch, in dem ich ein Gedicht von John Clare analysieren sollte, das Gefühl hatte, dass ich so was noch nicht so oft gemacht habe. Das entspricht nicht der Wahrheit. Ich hatte so was noch nie gemacht. Das erste Mal in meinem ganzen Leben, dass ich auf Englisch ein Gedicht analysierte, war während meines Auswahlgesprächs in Cambridge. Ob ich ein Rohdiamant gewesen wäre, weiß ich natürlich nicht, aber sicher ist, dass ich niemandem die Möglichkeit gab, das zu entdecken, genau wie das Eiskunstlauftalent, das leider noch nie auf dem Eis gestanden hat. Natürlich kann es auch sein, dass ich nicht aufgenommen worden wäre, wenn ich davor in Eton zur Schule gegangen wäre – wo ich ja schon aus chromosomalen Gründen nie reinkäme (die wirklich guten britischen Schulen sind Jungsinternate). Genauso wie es Menschen gibt, die ab ihrem fünften Lebensjahr trainiert werden und es trotzdem nicht nach Olympia schaffen. Mein Punkt ist nicht, dass Training eine Garantie für Erfolg ist, nur dass kein Training fast ein Garant für Misserfolg ist.

Die Formulierung, die ich nach erfolglosen Auswahlgesprächen am häufigsten gehört habe, ist »the candidate failed to shine«. Also, der Kandidat hat es nicht geschafft zu funkeln. Wenn Dozenten so was nach dem Gespräch sagen, dann meinen sie nie, dass der Kandidat schlecht ist, sondern dass er die Chance, sie zu überzeugen, nicht nutzen konnte. Man kann in einem 30-minütigen Gespräch nicht herausfinden, wer jemand ist und was aus ihm werden kann. Man kann nur aus dem, was der Kandidat jetzt zeigt, versuchen zu erahnen, was noch so kommen wird. Überrascht es irgendjemanden, dass Schüler, die jahrelang poliert wurden, am Ende schöner funkeln?

Ich funkelte jedenfalls nicht. Ich wusste zu diesem Zeitpunkt nicht mal, was funkeln ist oder dass es ein Kriterium für eine Universitätsauswahl sein könnte.

Ich glaube, das sind Bahnen, in denen man in einem normalen deutschen Gymnasium nicht zu denken lernt. So wie man in einem normalen deutschen Gymnasium nicht Altgriechisch und erst recht nicht Ägyptisch lernt oder englische Gedichtanalyse paukt. Hierzulande übt man auch nicht, Fragen wie »Hat eine Pfadfinderin eine politische Agenda?« zu beantworten, wenn man sich für ein Jurastudium bewirbt. Oder: »Wofür gibt es Tragödien?« »Wie würdest du das Gewicht der Atmosphäre berechnen?« Oder: »Was ist der Unterschied zwischen dem Kaufen und Verkaufen von Sklaven und dem Kaufen und Verkaufen von Fußballspielern?« Und wenn man so was nie übt, dann guckt man, wenn die Frage im Auswahlverfahren kommt, verdutzt aus der Wäsche, anstatt ordentlich zu funkeln. Und nur darum geht's. Was man antwortet, ist eigentlich egal. Es geht darum, dass man die Chance ergreift, sich von der besten Seite zu zeigen. Aber dafür muss man erst mal gelernt haben, welche das eigentlich ist.

Und das ist das Catch-22-Dilemma des englischen Bildungssystems. Um in eine englische Elite-Bildungseinrichtung zu kommen, muss man das können, was man nur in einer englischen Elite-Bildungseinrichtung lernt. Als Außenseiter ist das kaum zu schaffen.

IF AT FIRST YOU DON'T SUCCEED:
WIE MAN'S TROTZDEM SCHAFFT

W ie wird man vom Außenseiter zum Insider? Das war die Frage, die mich nach dem Absagebrief beschäftigte. Und wie überlebe ich den heutigen Tag? Erst mal vor allem Letzteres. In dem Jahr nach der Absage rächte sich die aufgeschobene Depression mit voller Wucht. Während mein unerreichbares Ziel, Cambridge, mich davon abgehalten hatte, über die Eitelkeit des Lebens nachzudenken, konnte ich nun abwechselnd über mein Scheitern an Cambridge und das allgemeine Scheitern menschlicher Existenz heulen.

Mich noch mal zu bewerben schien mir ausgeschlossen. »If it's meant to be, it will be!« »Wenn es sein soll, wird es sein« – die Worte gingen mir nicht mehr aus dem Kopf. Genau wie deren Umkehrschluss: Wenn sie dich nicht nehmen, dann gehörst du da auch nicht hin.

Ich glaube nicht, dass es besonders schlimm ist, von Oxbridge abgelehnt zu werden. Wenn ich heute eine Liste der schlimmsten Dinge mache, die mir in meinem Leben passiert sind, dann schafft es die Ablehnung nicht in die Top Ten. Und trotzdem war das Jahr nach der Ablehnung wohl das depressivste in meinem Leben. Ich weiß, dass depressiv nicht der richtige Ausdruck ist, weil ich ja nicht klinisch depressiv war – und ich diese Stimmung, was auch immer sie war, nicht mit einer Krankheit gleichsetzen sollte. Aber *traurig* trifft es auch nicht. Ich fühlte mich vollkommen leer. Antriebslos. Schaute nur noch fern. Verließ das Haus nicht mehr. Cambridge war jahrelang mein Ziel gewesen. Alles, was ich tat, tat ich für Cambridge. Ohne Cambridge konnte ich keinen Sinn darin finden, irgendwas zu tun. Alles war öd und leer.

Ich wünschte, ich könnte behaupten, dass ich mich selbst aus diesem Loch befreite. Dass ich eines Morgens aufwachte und sagte: So, jetzt reicht's! Ich wünschte, ich könnte sagen, dass ich den Trick, wie man es nach Oxbridge schafft, aus eigenen Stücken entdeckt hätte – nur mit Kraft der Gedanken auf meine geniale Strategie gekommen bin. Aber dem war nicht so. Ich meine, dass ich heute genau weiß, wie man es nach Oxbridge schafft, auch wenn man nicht in einer herausragenden englischen Schule war. Aber diese Erkenntnisse sind leider nicht meiner übergroßen Genialität zu verdanken.

Es waren meine Eltern, die irgendwann ein Machtwort sprachen. Irgendwann konnten sie den immer fetter werdenden Molch, der rauchend auf der Couch lag und sich selbst bemitleidete, nicht mehr ertragen. Mittlerweile war ich ja auch 19 – ein wenig zu alt für kleinkindliche Wutausbrüche. Ehrlich gesagt, ich glaube, sie machten sich auch Sorgen, weil gar nicht studieren nur dann eine gute

Alternative zu Oxbridge ist, wenn man Premierminister werden will. Für alle anderen ist kein Studium auch keine Lösung.

In jedem Fall, dank elterlichen Drucks bewarb ich mich an anderen englischen Universitäten. Ich wurde aufgenommen. In letzter Minute entschied ich mich dagegen, als mir klar wurde, dass diese Universitäten genauso viel kosteten wie Oxbridge, aber nicht Oxbridge waren. Nicht-Oxbridge konnte ich auch in Deutschland haben – und zwar ohne mich zu verschulden.

Am Ende bewarb ich mich, schweren Herzens, also für ein Studium der Anglistik in Deutschland. Das schwere Herz lag nicht nur an meiner unerwiderten Liebe zu Oxbridge, sondern daran, dass ich nicht in Deutschland studieren wollte. Das hat nichts mit Deutschland zu tun. Es sagt auch nichts über die Qualität deutscher Unis aus. Meine Überlegung war eine ganz andere: Wenn ich Englisch in England studiere, dann wird es muttersprachlich unterrichtet. Wenn ich Englisch in Deutschland studiere, dann wird es als Fremdsprache unterrichtet, und zwar hauptsächlich mit dem Ziel der Lehrerausbildung. Anstatt in der englischen Literatur zu schwelgen, würde ich also viel Zeit mit Grammatik und dem Erwerb allgemeiner Sprachkenntnisse verbringen müssen, einfach nur, weil die Studienordnung das so vorsah. Dieser Gedanke reizte mich überhaupt nicht. Trotzdem bewarb ich mich, machte ein paar Aufnahmetests, bestand und musste mich schlussendlich für eine Uni entscheiden.

Dass ich mit 19 etwas verschroben war, ist mittlerweile wohl klar. Aber ich muss es doch noch mal ganz deutlich sagen: Wenn ich mich heute daran erinnere, was und wie ich mit 19 gedacht habe, kommt mir mein 19-jähriges Ich wie eine sehr fremde, sehr merkwürdige Person vor. Ich kann mich zwar genau an alle Faktoren meiner Entscheidung erinnern, aber nachvollziehen kann ich sie nicht. Wenn ich mit 31 noch mal die Gedanken und Gefühle durchlebe, die ich mit 19 hatte, kann ich nur den Kopf schütteln, mich ein bisschen schämen und mich gleichzeitig auch ziemlich amüsieren.

Ich entschied mich für die Universität Heidelberg, und das, wenn ich ehrlich bin, aus einem einzigen Grund. Nicht, weil sie in internationalen Rankings immer wieder zur besten Uni Deutschlands erklärt wurde. Nicht, weil die Anglistische Fakultät einen guten Ruf hat. Nicht mal, weil Heidelberg wirklich wunderschön ist. Der Grund, warum ich mich von allen deutschen Universitäten ausgerechnet für Heidelberg entschied, war einzig und allein, dass Heidelberg einen Austausch mit der Universität Cambridge anbietet. Damals hatte dieser Austausch zwei Plätze für jeweils ein Jahr: Einer dieser Plätze ging immer an einen Juristen, um den anderen Platz kämpften Bewerber aller Fakultäten. Noch bevor ich mein erstes Seminar ausgewählt hatte oder meinen ersten Kurs besucht, wusste ich, dass ich mich für diesen Austausch bewerben würde.

Ab diesem Tag war die Depression verschwunden. Ich hatte endlich wieder ein Ziel.

Zu meiner Schulzeit war eine der schlimmsten Beleidigungen, die wir über einen Mitschüler sagen konnten: »Der lebt nur für den Lebenslauf.« Genau so wurde ich. Ich lebte für den Lebenslauf. Ich lebte für die Bewerbung. Unschöne Zahlen spukten mir durch den Kopf: Die Universität Heidelberg hat ca. 30 000 Studenten, aber nur einen offenen Platz in Cambridge. Meine Chancen auf diesen offenen Platz waren verschwindend gering. Als ich nach einem Jahr einen Professor bat, mir eine Referenz für Cambridge zu schreiben, sagte er: »Ja, aber rechnen Sie sich keine Chancen aus.«

All das wusste ich ab Tag eins. Ich war ja bereits gescheitert. Ich wusste, wie es sich anfühlte. Aber diesmal würde ich sagen können, dass ich alles gegeben hatte.

Ab meinem ersten Studientag in Heidelberg tat ich alles mit dem Ziel, den Austauschplatz zu bekommen. Ich lernte viel. Belegte übermenschlich viele Kurse. Machte haufenweise außeruniversitäres Zeug. Alles, was irgendwie gut wirken konnte: Ich machte es.

Ich lebte für den Lebenslauf. Und es war fantastisch. Nach den Monaten auf der Couch und ohne Antrieb war die ständige Beschäftigung wie eine Droge. Ich spielte Theater, nahm an Workshops in kreativem Schreiben teil, trat der Fachschaft bei, half die Fakultäts-Weihnachtsparty auszurichten, bewarb mich um ein Forschungsstipendium und fuhr für meine allererste Hausarbeit nach England, um dort Feldforschung zu betreiben. Nie wieder unternahm ich so viel oder hatte so viel Spaß wie während der Zeit in Heidelberg, als ich eigentlich nur meinen Lebenslauf pflegen wollte. Am Ende ist es egal, ob man die Dinge tut, weil man es dringend möchte oder weil es gut in der Bewerbung aussieht. Sachen machen ist besser als nichts machen. Manche Menschen brauchen einen Lebenslauf, um die Angebote des Lebens wahrnehmen zu können.

Aber die wichtigste Veränderung war intellektueller Natur. Ich hatte bei meiner ersten Bewerbung eines verstanden: Man kann sich noch so viel Mühe geben, wenn man die Aufgabe nicht begreift, wird man scheitern. Anstatt nächtelang *Hamlet* zu lesen, hätte ich möglichst genau herausfinden sollen, wie das Gespräch und der Test ablaufen werden. Ich hätte weniger pauken und mehr darüber nachdenken sollen, was ich eigentlich lernen muss, um gut abzuschneiden. Anstatt mich in die Tiefen Shakespeares zu stürzen, hätte ich sehr viel breiter, dafür aber oberflächlicher lernen sollen. Also, lieber aus jedem Jahrhundert die wichtigsten Texte der wichtigsten Autoren und die historischen Kontexte kennen als nur einen Autor bis zum Wahn. Das gilt übrigens meiner Meinung nach für jedes Fach: Es ist besser für die Bewerbung, über großes Flächenwissen zu verfügen und viele Dinge schon mal angedacht zu haben, als sich in einem winzigen Teilaspekt zu verkünsteln. Außerdem hätte ich Fähigkeiten erwerben müssen: vor allem, wie man einen englischen Essay schreibt und wie man auf Englisch ein unbekanntes Gedicht analysiert und einordnet.

All das wurde mir allmählich klar, während ich mich in Heidelberg auf die Cambridge-Bewerbung vorbereitete.

Für den zweiten Versuch musste ich eines leisten: Ich musste herausfinden, was eigentlich gefragt war. Diesmal würde ich nicht im stillen Kämmerchen am Falschen arbeiten. Diesmal würde ich die Aufgabe begreifen und dann würde ich sie meistern.

Und mit »ich« meine ich »wir«. Denn eine Oxbridge-Bewerbung ist ein Teamsport. Wer auf eine englische Privatschule geht, der bekommt sein Team von der Schule gestellt. Ich musste mir meines selber suchen. Und anders als der *Etonian* konnte ich mein Team nicht mit Geld gewinnen, sondern musste mich auf eine Mischung aus Hilfsbereitschaft, Nächstenliebe und Schokolade verlassen. Warum mir so viele Menschen so intensiv halfen, weiß ich nicht genau, aber bis heute werde ich sentimental, wenn ich darüber nachdenke. Das Fantastische am Studienort Heidelberg war dabei, dass es hier eine Gruppe von Menschen gab, vor allem britische und amerikanische Sprachpraxisdozentinnen, die enorme Hilfsbereitschaft mit genau dem Wissen, was ich am dringendsten brauchte, verbanden. Den Dozenten, die viele Stunden, ohne dass es ihr Job war oder sie dafür irgendwas bekamen, meine Bewerbungsentwürfe lasen oder versuchten, mir zu erklären, wie ein Essay funktioniert, verdanke ich mehr, als sich in Worte fassen lässt. *Thanks again*.

Ähnlich wichtig war, dass der Heidelberg-Cambridge-Austausch über eine eigene Assistenzstelle an der juristischen Fakultät verfügt. Besetzt ist diese normalerweise mit einem Studenten, der selber schon in Cambridge war und im Anschluss an den Aufenthalt in einer meist wöchentlichen Sprechstunde neue Bewerber darin berät, wie sie sich am besten bewerben. Nach meiner Zeit in Cambridge hatte ich diese Stelle selbst ein Jahr lang inne. In dieser Zeit überraschte mich vor allem eines: wie viele Bewerber in den zwei Wochen vor der Bewerbungsdeadline zum ersten Mal in die Sprechstunde kommen – also zu einem Zeitpunkt, zu dem es für alles Wichtige viel zu spät ist.

Weil ich ja aus Unwissenheit bereits gescheitert war, machte ich es anders: Ich ging kurz nach der Immatrikulation in Heidelberg zum ersten Mal in die Sprechstunde. In dem Jahr zwischen erstem Studientag und Bewerbungsende war ich über zehnmal in der Sprechstunde. Oft als Einzige, weil die meisten Studenten ja erst kurz vor der Deadline kamen. Beim Bewerbungsgespräch, das wieder im Dezember stattfand, wusste die Cambridge-Assistentin genau, wer ich war, was ich alles so gemacht hatte, was ich konnte und wie unbedingt ich nach Cambridge wollte. Und ich wusste genau, worauf der Professor, der die Entscheidung treffen würde, Wert legte und was er sehen wollte. Selten in meinem Leben habe ich eine Aufgabe so gut verstanden wie das Schreiben dieser Cambridge-Bewerbung und das Führen des Bewerbungsgesprächs.

Trotzdem war ich am Morgen vor dem Gespräch aufgeregt. Denn da ich ja alles über den Professor, der entscheiden würde, herausgefunden hatte, war in meinem Kopf auch ein sehr klares Bild von ihm. Der Professor war Volljurist, um die 60 Jahre, hochdekoriert und – so hieß es – erzkonservativ. Ich konnte mir genau vorstellen, was für Leute so einer gut fand: nicht mich. Jüdisch, links, mit Ossi-Eltern, die nie in einer Verbindung waren, eher ein verpeilter Künstlertyp als Vorzeigejurist – so jemanden wie mich konnte er nicht mögen. Am Ende würde es einfach an sich widersprechenden persönlichen Idealen scheitern, dachte ich, während ich in dem Anzug, den ich zur Tarnung extra gekauft hatte, vor dem Gesprächsraum saß.

Aber in dem Moment, als die Tür aufging und die Assistentin mich lächelnd reinbat, sagte eine Stimme in mir: Lass die Vorurteile draußen. Stell dir vor, da sitzt einfach ein Mensch. Einer, der bestimmt schon eine Menge erlebt hat, der vielleicht total nett ist, und bestimmt einer, der dir nichts Böses will. Ganz genau dachte ich – der Gedanke ist heute noch so klar wie damals –, freu dich, du triffst jetzt einen neuen Freund.

Das Gespräch dauerte 30 Minuten – wir überzogen – und es war eines der besten Gespräche meines Lebens. Der Professor – egal was er sonst noch war – war außergewöhnlich klug, gebildet, herzlich, enorm neugierig und sogar witzig. Da ich ja ein Jahr lang »für den Lebenslauf« gelebt hatte, gab es viel zu bereden. Besonders interessierte sich der Professor für meine Feldforschung in England. In der Arbeit war es um englischen Humor und soziale Faktoren in der Bewertung von Witzen gegangen und der Professor wollte es genauer wissen.

»Erzählen Sie doch mal so einen Witz aus Ihrer Arbeit«, bat er mich.

Damit hatte ich trotz akribischer Vorbereitung nicht

gerechnet. Ich erzählte den ersten Witz, der mir noch in Erinnerung war. Und merkte bei der Hälfte, dass die Pointe ein konservativer Politiker in Strapsen war. Aber da war es schon zu spät. Der Witz steuerte unumgänglich auf eben diesen Abgrund zu und ich konnte es nicht verhindern. Also erzählte ich ihn stoisch weiter, in dem Wissen, dass ich mit diesem Witz alle meine Chancen für immer zerstören würde.

»Das ist aber brav«, sagte der Professor lächelnd, als ich fertig war. »Da haben wir früher deutlich Schlimmeres erzählt.«

Wir lachten und redeten weiter. Er erzählte, ich erzählte, die Cambridge-Assistentin erzählte. Irgendwann wies die Cambridge-Assistentin darauf hin, dass wir schon zehn Minuten überzogen hatten. Ich bedankte mich und wusste beim Rausgehen, dass alles gut werden würde.

Noch am selben Tag bekam ich die Zusage.

Ich war drin.

Und gleichzeitig, da machte ich mir keine Illusionen, war ich auch nicht drin. Denn ein Austausch, sei er auch noch so renommiert und hart umkämpft, ist kein vollwertiges Studium. Am Ende konnte ich mir alles, was ich in Cambridge belegte, in Deutschland anrechnen lassen, aber auf meinem Bachelor-Zeugnis stand eben Heidelberg, nicht Cambridge. Auch wenn ich fast alle Veranstaltungen mit meinen Kommilitonen belegte und die gleichen Prüfungen ablegte wie alle anderen, ganz gehörte ich nicht dazu. Um ganz dazuzugehören, musste ich regulär nach Oxbridge.

Wenn meine Vermutung aber stimmte, dass man nur in einer englischen Elite-Bildungseinrichtung lernt, was man braucht, um in eine englische Elite-Bildungseinrichtung aufgenommen zu werden, dann war ich jetzt am richtigen Ort. Cambridge war mein Olympia-Camp, mein Trainingslager vor der Schlacht. In diesem Jahr Cambridge arbeitete ich wie ein Tier. Ich versuchte all das nachzulernen, was die meisten meiner Kommilitonen in der Schule längst gelernt hatten. Akribisch sammelte ich die Essays meiner Mitstudenten, analysierte sie, versuchte zu begreifen, was es genau war, das der englische Dozent sehen wollte.

Am Ende bestand ich die Prüfungen mit einem mittelmäßigen Ergebnis. Meine Noten lagen alle zwischen 65 und 68 von 100 Punkten – bei 70 Punkten liegt die deutsche Eins. Ich lag also irgendwo bei einer guten Zwei und damit voll im Durchschnitt. Für mich eine herbe Enttäuschung und gleichzeitig ein Triumph. In nur einem Jahr hatte ich es geschafft, ein durchschnittlicher Oxbridge-Student zu werden. Und alles, was es mich gekostet hatte, waren unzählige schlaflose Nächte, eine graue Strähne an der rechten Schläfe, ein Gewichtsverlust von knapp 10 kg und chronische Magenschmerzen. Das Jahr in Cambridge war das anstrengendste meines Lebens – nie zuvor und nie danach habe ich so hart für etwas gearbeitet. Aber am Ende schaffte ich es. Nach dem Jahr Oxbridge hatte ich alle Fähigkeiten, die man braucht, um sich erfolgreich in Oxbridge zu bewerben. Zurück in Deutschland beendete ich meinen Bachelor und bewarb mich – wie Hunderte andere Studenten – für einen Master in Oxford.

Ich wurde genommen. Ganz normal. Keine Tricks, kein doppelter Boden. Ich war drin. Ich hatte es geschafft.

IMPOSTOR SYNDROME: DIE HOCHSTAPLER VON OXBRIDGE

A ber hatte ich es wirklich geschafft? Diese Frage quälte mich an meinem ersten Tag in Oxford. Es war ein wunderschöner Sonnentag im Oktober, Oxford erstrahlte in leuchtender Herbstblütenpracht und eigentlich war alles gut – genau so, wie ich es mir immer vorgestellt hatte – und trotzdem ließ mich dieser Gedanke nicht in Ruhe. Er umschwirrte mich beharrlich wie eine fette Fliege.

Ja, ich war drin, aber es war ja nur ein Master. Zählt das überhaupt? Anders als wir Deutschen machen Engländer ja eigentlich keinen Masterabschluss, außer, sie wollen an der Universität bleiben. Nach drei Jahren Bachelor ist in Großbritannien die Universität für die meisten vorbei. Danach geht es in die Arbeitswelt. In Deutschland, einem Land, in dem der Bachelor nicht für ganz voll genommen wird, wirkt das befremdlich. Immerhin ist hier die Gier auf akademische Abschlüsse so groß, dass sich Politiker ihren Doktor auch gerne mal erschummeln. In England würde so eine Plagiatsaffäre wie die um Guttenberg et al. niemals vorkommen. Erst recht nicht bei jemandem, der »zu Guttenberg« heißt, denn bei den Briten ist ein angeborener Adelstitel deutlich mehr wert als ein erarbeiteter Doktortitel. Wenn ich also an die Reihe der berühmten Oxbridge-Absolventen dachte, dann ging es immer um den Bachelor. Für einen Master interessiert sich in Großbritannien kein Mensch.

Bei den Immatrikulationsveranstaltungen waren mindestens drei Viertel der Menschen, die mich umgaben, Bachelor-Studenten. Sie würden die echte Oxbridge-Erfahrung machen. Ich wiederum war nur ein Hochstapler, der es beim ersten Mal nicht geschafft hatte und jetzt einen Trost-Master machte. Ich schaute in die Menschenmenge und spürte, dass ich doch nicht dazugehörte und es auch niemals tun würde. Ich hatte meine Chance verpasst. Mit 24 war ich einfach zu alt.

Ich muss wohl ziemlich deprimiert ausgesehen haben, als mir das alles so klar wurde. Um mich herum wuselte es. Meine neuen Kommilitonen sahen in ihren weißen Hemden und schwarzen Talaren aus wie angetrunkene Pinguine. Die Stimmung war ausgelassen, nur ich saß einsam herum und hoffte, dass niemand merkte, dass ich nicht dazugehörte. Plötzlich stand ein Mädchen neben mir.

»Wie geht es dir?«, grüßte ich roboterhaft. So grüßt man in Großbritannien.

»Wie geht es dir?«, fragte sie leise zurück. Genau wie Franzosen, die »Ça va?« gerne mit »Ça va« beantworten, reagieren höfliche Briten auf die Frage »How are you?« im Regelfall mit einem Echo.

»Es ist alles ganz schön viel, oder?«, floss es aus mir heraus. Ich war erleichtert, dass sich aus der Menge ein Individuum abgesondert hatte.

Das Mädchen nickte.

»Machst du einen Bachelor?«, fragte sie und legte ihren Finger, ohne es zu wissen, genau in die klaffende Wunde.

»Nein, Master. Du?«, antwortete ich beschämt.

»Einen Bachelor«, antwortete sie. War ja klar. »Und wo warst du vorher?«

»In Heidelberg und ein Jahr in Cambridge.«

Ihre Augen wurden auf einmal groß wie Untertassen.

»Du warst in Cambridge?«

»Ja, aber nur ein Jahr. Es war nur ein Austausch.«

»Ich wollte immer nach Cambridge«, platzte es aus ihr heraus, »sie haben mich mehrmals abgelehnt.«

»Mich haben sie auch erst abgelehnt!«, sagte ich.

»Ja, aber du bist ja am Ende doch da gewesen!«, konterte sie.

»Ja, aber nur im Austausch!«

»Das ist doch vollkommen egal!«

»Aber du machst deinen Bachelor in Oxford!«

»Aber nur, nachdem Cambridge mich zweimal nicht wollte!«

»Das weiß am Ende kein Mensch. Am Ende hast du einfach einen Bachelor aus Oxford!«

»Aber erst beim dritten Anlauf!«

Wir drehten uns im Kreis. Irgendwie wollte sie nicht verstehen, dass ich nur ein Hochstapler war. Im Gegenteil, sie hielt mich für echt Oxbridge und wollte sich selbst als Hochstapler verkaufen. Dabei machte sie doch gerade einen Bachelor in Oxbridge. Wieso wollte sie einfach nicht verstehen, dass es das war, worum es ging?

Während wir so diskutierten, gesellte sich noch ein Mädchen zu uns.

»Ich bin nur über den Pool reingekommen. Ich bin zweite Wahl«, sagte sie und lachte verlegen. In den Pool kommt man, wenn das College, für das man sich entschieden hat, einen zwar generell für geeignet hält, einen aber trotzdem nicht will. Dann dürfen Colleges, die noch Plätze frei haben, entscheiden, ob sie einen nehmen.

Als wir da so standen, drei Neustudenten an einer der besten Universitäten der Welt, und uns verschämt erklärten, dass wir eigentlich minderwertige Hochstapler waren, fragte ich mich kurz, was in unseren Köpfen wohl schieflief. Ein bisschen fürchtete ich, dass es eines dieser nervigen Gender-Dinge war. Ob eine der Begleiterscheinungen weiblicher Sozialisierung war, dass man den eigenen Erfolg immer für zweitklassig hielt? Fühlten wir uns minderwertig, weil wir Mädchen waren? Mich ärgerte der Gedanke. Wenn ich mich minderwertig fühle, dann doch bitte aufgrund fehlender Fähigkeiten und nicht fehlender Y-Chromosomen.

Und daher freute es mich fast, als mir ein paar Stunden später ein junger Mann gestand, dass auch er nicht gut genug war. Er war Promotionsstudent einer Naturwissenschaft. Den Bachelor hatte er in Oxford gemacht. Aber im Master hatten sie ihn nicht wieder aufgenommen. Erst im Doktor hatte er es zurückgeschafft. Für mich klang das wie eine Erfolgsgeschichte. Ihm aber hatte die Absage zum Master einen harten Schlag versetzt. Im Bachelor, so meinte er, war er noch der König der Welt gewesen. Aber seit der Absage zum Master kämpfte er mit Minderwertigkeitskomplexen, die durch die erneute Aufnahme in Oxford nur schlimmer wurden, weil er sich nicht mehr zugehörig fühlte.

Für diese Komplexe, die über kurz oder lang fast jeder zu entwickeln scheint, gibt es einen stehenden Ausdruck: »Impostor Syndrome« – »Hochstapler-Syndrom«. Das Lustige am Hochstapler-Syndrom ist, dass es nicht etwa ein Zeichen von fehlender Leistung oder Kompetenz ist, sondern eben genau bei großen Leistungen auftritt. Das Problem ist nicht, dass man scheitert, sondern dass man Erfolg hat. Mit dem Scheitern kann man umgehen. Man war halt nicht gut genug. Wirklich schockierend ist der Erfolg. Zumal man ja immer noch der gleiche Mensch ist – aber jetzt mit zwei vollkommen widersprüchlichen Identitäten leben muss.

Ich war gleichzeitig erwiesenermaßen nicht gut genug, um es nach Oxbridge zu schaffen, und in Oxbridge. Und in meinem Kopf waren ja immer noch die Worte der Studentin, die zu mir gesagt hatte: »If it's meant to be, it will be.« War es nun *meant to be*, weil ich es ja geschafft hatte? Oder nicht *meant to be*, weil es beim ersten Anlauf nicht geklappt hatte? In Wirklichkeit war ich ja nur hier, weil ich es noch mal versucht hatte. Genauso gut hätte ich auf die Studentin von damals hören können und wäre dann für den Rest meines Lebens an Oxbridge gescheitert geblieben. Wenn gerade alles gut lief, sagte ich zu mir selbst, was ich seitdem unzähligen gescheiterten Bewerbern gesagt habe: »If it's meant to be, you'll keep on trying.« – »Wenn es sein soll, wirst du es weiter versuchen.« Aber immer, wenn irgendwas schlecht lief, war da wieder diese Stimme, die sagte: Siehst du, es war halt doch nicht »meant to be«.

Dieses Dilemma erzählte ich mal einem Freund, der sich nach einer schlechten Note selbst gerade als Hochstapler fühlte.

»We're all impostors here!« – »Wir sind alle Hochstapler hier!«, antwortete er. Dabei verdrehte er die Augen, grinste breit, wie die *Cheshire Cat*, die Grinsekatze in *Alice in Wonderland*. Ich dachte, er machte einen Witz, aber er sprach aus Erfahrung. Oxbridge ist voll von Hochstaplern.

Vielleicht ist es sogar andersrum: Gerade wer sich eigentlich für minderwertig hält, will nach Oxbridge. Die Hoffnung ist, dass, wenn man es nach Oxbridge schafft, man für immer weiß, dass man doch nicht minderwertig ist. Die Realität ist leider ganz anders: Wenn man es nach Oxbridge schafft, ist man halt minderwertig in Oxbridge. Und da man sich permanent mit der Weltelite seines Faches vergleicht, wird dieses Minderwertigkeitsgefühl auch andauernd bestätigt.

Ein Professor erzählte mir mal, dass er in einer weinseligen Nacht seinen Doktorvater – eine Ikone des Faches – gefragt hatte, was die Motivation seiner akademischen Laufbahn gewesen sei. Der Professor dachte, es müsse so was wie »das Streben nach Wissen« sein. Die Wahrheit sah ganz anders aus: »Not to be found out.« Also ungefähr: »Nicht enttarnt zu werden.« Anscheinend war er recht überrascht gewesen, als er in Oxford aufgenommen wurde. Deshalb hatte er sehr hart gearbeitet und schließlich eine Dissertation geschrieben, die für herausragend befunden und bei der Buchveröffentlichung ein großer Erfolg wurde. Den Rest seiner Karriere hatte der arme Mann befürchtet, dass irgendwann jemand herausfinden könnte, dass sein Opus Magnum eigentlich nur heiße Luft war. Alle seine weiteren Bücher – und es waren viele – seien nur Täuschungsmanöver gewesen. Bei jedem Buch hoffte er, dass er seinen Ruhm nachträglich doch noch verdienen würde. Als er vor einigen Jahren starb, dachte er meines Wissens nach nicht, er habe sein Ziel erreicht. Und daran hätten auch die zahllosen posthumen Lobeshymnen wohl nichts mehr geändert.

Für viele, wie auch für mich, war Oxbridge jahrelang ein so unerreichbarer Traum, dass, wenn man ihn dann doch erreicht, man sich nicht vorstellen kann, dass alles mit rechten Dingen zugegangen ist. Es wäre auch fast enttäuschend, wenn man einfach so reingekommen wäre. Der Reiz der Institution Oxbridge ist ja auch, dass sie so jemanden wie mich niemals aufnehmen würde. Da ist es fast besser, sich selbst als Fehler im System zu begreifen, als Oxbridge vom Sockel schubsen zu müssen.

In meiner Zeit in Oxbridge lernte ich die unglaublichsten Gründe dafür kennen, sich als Hochstapler zu fühlen. Ein Freund witzelte zum Beispiel, dass er nur reingekommen war, weil er von einer staatlichen Schule kam, eine Lese-Rechtschreib-Schwäche und Depressionen hatte und dazu auch noch *queer* war (damals identifizierte er sich als lesbische Frau, später outete er sich als trans Mann). Kurzum, man hatte ihn nicht aufgrund seiner Fähigkeiten aufgenommen, sondern weil er nach Diversität roch. Damals hatte ich ihm kein Wort geglaubt, weil ich ja wusste, dass er neben allem anderen einfach genial war. Mit der Zeit begriff ich, dass er das in seinen dunkelsten Stunden wirklich dachte und dass viele seiner Stunden dunkel waren.

Genau wie die meisten Amerikaner dachten, dass sie nur reingekommen waren, weil sie als Überseestudenten dreimal mehr Studiengebühren zahlten – ungefähr 30 000 € im Jahr. Ein indischer Bekannter von mir gestand mir mal, dass er glaubte, nur deshalb genommen worden zu sein, weil seine Familie Großspender war. Andere wiederum fühlten sich minderwertig, weil sie ein Fach mit wenigen Bewerbern gewählt hatten. Ja, sie waren in Oxbridge, aber eben mit Archäologie und Anthropologie, einem Fach, bei dem jeder weiß, dass man leicht reinkommt.

Einmal traf ich einen schwarzen Studenten, der ein T-Shirt mit der Aufschrift »As seen in your prospectus«, also »Wie in deinem Werbeprospekt abgebildet«, trug. Diese T-Shirts sollen darauf hinweisen, dass in Oxbridge Menschen mit dunkler Haut unterrepräsentiert sind, sie aber trotzdem immer auf die Werbeprospekte gedruckt werden. Als nicht weißer Student – oder als Studentin mit Kopftuch – kann man fast davon ausgehen, bei jedem Fotoshooting nach vorne gestellt zu werden, sodass man sich ein bisschen wie ein Diversitätsrequisit fühlt.

Gleichzeitig spricht aus diesem T-Shirt aber auch eine Angst, die mir der T-Shirt-Träger selbst verriet: Bin ich nur hier, weil ich schwarz bin? Ganz unabhängig von der Hautfarbe haben die meisten eine Version dieser Angst: Bin ich nur hier, weil ich *queer* bin? Bin ich nur hier, weil ich aus einer staatlichen Schule oder einem zerrütteten Elternhaus komme? Bin ich nur hier, weil ich im Rollstuhl sitze? Bin ich nur hier, weil ich aus Übersee komme? Bin ich nur hier, weil ich irgendeine Funktion erfülle, die ich vielleicht nicht mal begreife, die aber nichts mit mir und meiner Eignung zu tun hat?

Wenn man rational darüber nachdenkt, weiß man natürlich, dass das alles nicht stimmt. Oder zumindest, dass es bei allen anderen nicht stimmt – bei mir schon, weil ich der einzig echte Hochstapler bin. Natürlich kommt niemand nach Oxbridge, nur weil er schwarz oder *queer* ist – dafür werden zu viele schwarze Lesben abgelehnt. Oder andersrum, wenn Oxbridge Menschen dafür aufnehmen würde, dass sie Kopftuch tragen oder schwarz sind, dann müsste man selbige nicht mehr als Requisit verwenden, weil die Fotos automatisch voll von schwarzen Kopftuchträgerinnen und nicht von weißen Oberschichtsjungen wären. Und natürlich reicht es auch nicht, Amerikaner zu sein, um nach Oxbridge zu kommen. Sonst würden es ja alle wohlhabenden Amis machen wie Bill Clinton, dessen Zeit in Oxford jahrzehntelang in jedem Profil erwähnt wurde und ihm bei der Präsidentschaftswahl sicherlich nicht schadete.

Es reicht übrigens nicht mal, Großspender zu sein. 2001 gelangte ein Banker in die Schlagzeilen, weil er eine 100 000-£-Spende an Trinity College, Oxford, zurückzog, nachdem Trinity seinen Sohn abgelehnt hatte. Seit 1983 ist es nicht mehr legal, die Kinder von Spendern und Alumni zu bevorzugen. Und ich glaube, es kommt viel seltener vor, als man so denkt. Die Spenderkinder, die ich in Oxbridge kennengelernt habe, hatten alle hervorragende Noten und haben auch in Oxbridge brilliert. Einen Vorteil hatten sie natürlich – eine sehr teure und sehr gute Schulbildung –, aber das Bewerbungsverfahren haben sie genauso durchlaufen wie alle anderen auch.

Da aus jeder Gruppe Menschen abgelehnt werden, ergibt es wenig Sinn zu denken, man sei nur reingekommen, weil man zu einer dieser Gruppen gehört. Eine große Spende schadet sicher nicht, so wie es manchmal nicht schadet, einer marketingwirksamen Minorität anzugehören. Aber es reicht eben auch nicht aus. Am Ende kommt man nach Oxbridge, weil man sich oft genug und gut genug beworben hat. Und fühlt sich dann still und heimlich als der einzige Hochstapler in einem Meer aus Überfliegern.

In dieser Hinsicht ist das Hochstapler-Syndrom ein bisschen wie eine dieser Peinlichkeiten, welche menschliche Körper uns im Laufe des Lebens so zumuten: Akne, Haarausfall, Erektionsstörung, Cellulite oder Hämorrhoiden. Viele Leute haben so was. Aufs Leben verteilt trifft mindestens eines dieser Leiden wohl alle. Und trotzdem redet niemand darüber, weil es ja peinlich ist. Und weil niemand drüber redet, denkt man, man sei damit allein. Man geht durchs Leben und hofft, dass die anderen nicht merken, wie fehlerhaft man ist. So wie ich am Anfang dachte, ich sei der einzige Hochstapler in ganz Oxbridge, und hoffte, dass mich niemand enttarnt.

In dem Moment, wo man die Peinlichkeit aber überwindet und seinen Makel mit der Welt teilt, stellt man auf einmal fest, dass es den meisten anderen genauso geht. Dass es in Wirklichkeit die Makellosen sind, wenn es sie denn gibt, die in der Minderheit sind. Und dass die meisten Menschen nur darauf warten, dass sie endlich jemand outet. Denn das Schlimmste am Hochstaplersein ist nicht, dass man weiß, dass man eigentlich nicht gut genug ist, sondern dass man denkt, man sei damit allein. Dass man die Einsamkeit sogar sucht, damit niemand herausfinden kann, dass man nur ein Hochstapler ist. In dem Moment, in dem man begreift, dass alle Hochstapler sind, ist niemand mehr einer. Wir sind alle nur Menschen. Richtig Oxbridge ist eigentlich keiner.

Vielleicht ist das das Liebevollste, was wir füreinander tun können: uns unser Scheitern gegenseitig gestehen, um uns so die Einsamkeit des Misserfolgs zu nehmen. Das öffentliche Ich zeigt immer nur den Erfolg an. Lebensläufe sind Zeugnisse eines nach Erfolg zensierten Lebens. Was nicht im Lebenslauf steht, ist das Scheitern, die unzähligen Versuche, die durchwachten Nächte – und dabei sind es genau die, die so ein Menschenleben ausmachen.

FIREWORKS UNDER WATER:
WAS MAN IN OXBRIDGE LERNT

I ch war bereits seit einigen Wochen in Cambridge, da machte ich eine schockierende Entdeckung: Meine Kommilitonen konnten nicht zitieren. Sie wussten nicht, wie man eine Fußnote setzt. Die Bibliografien ihrer Arbeiten, wenn sie überhaupt welche hatten, sahen aus wie Kraut und Rüben. Erkennbare Zitationsstile gab es keine. In Deutschland wären solche Arbeiten selbst bei Erstsemestern durchgefallen. In Cambridge wurden die Arbeiten von Studenten im dritten Jahr auch bei eklatantesten handwerklichen Mängeln noch als sehr gut bewertet. Ich konnte es kaum glauben. Das war nun dieses Oxbridge, von dem ich so lange geträumt hatte?

Dank des herausragenden Wissens über Zitationsstile, welches man an deutschen Universitäten so lernt, kam ich mir vor wie der Zweiäugige unter den Blinden. Ich kannte den Unterschied zwischen MLA und *Chicago Author-Date* und wusste, wie man fachgerecht eine Internetquelle in eine Bibliografie einpflegt. Ich hatte schon etliche Hausarbeiten geschrieben, war es also gewohnt,

15-seitige wissenschaftliche Texte nach den striktesten Standards wissenschaftlichen Arbeitens zu erstellen. Die Aufgabe, einen dreiseitigen Essay zu schreiben, die mir in einem der ersten Tutorien gestellt wurde, empfand ich als Kinderspiel. Umso schockierter war ich, als ich meine herausragend belegte und fein säuberlich formatierte Arbeit mit einer ziemlich miserablen Bewertung zurückbekam. Vor allem, da ich auf den drei Seiten zehn Quellen verwendet hatte und eine Kommilitonin eine deutlich bessere Bewertung bekommen hatte – und das für eine Arbeit im Flattersatz mit nur einer einzigen Quelle.

Also nahm ich all meinen Mut zusammen und fragte meinen Dozenten, wie das sein konnte. Wie ich schlechter bewertet werden konnte als jemand, der nur eine einzige Quelle zitiert hat und die auch noch schlecht! Die Antwort war so simpel wie überraschend: »Bei Studenten im Grundstudium legen wir keinen großen Wert auf Belege und Formalien.« Lernen sollten sie es schon, spätestens, wenn sie am Ende des dritten Jahres dann längere Arbeiten schrieben, aber dieses Formale war nicht das Zentrum der Ausbildung. Richtiges Zitieren, ausreichende Quellen und das korrekte Formatieren des Texts war für die Dozenten in Cambridge so nebensächlich, dass es in die Bewertung der Arbeiten kaum einfloss.

Wer mal in Deutschland eine Geistes- oder Sozialwissenschaft studiert hat, kann sich vorstellen, wie fundamental mich das alles schockierte. Es war, als würde man einem Fußballer sagen, dass er die Sache mit dem Ball und dem Tor nicht so ernst nehmen solle. Für mich waren

Formalien und Quellenarbeit das Zentrum einer wissenschaftlichen Ausbildung. Bei meiner ersten Hausarbeit in Deutschland hatte die Dozentin mit dem Lineal nachgemessen, ob die Seitenränder unserer Hausarbeiten die korrekte Breite hatten. In der Einführung in die Literaturwissenschaft hatten wir stundenlang Zitationsstile gepaukt. Klar ging es irgendwie auch um Inhalt, aber wenn ich mir die Bewertungsrichtlinien meiner deutschen Dozenten so anschaute, dann war ein verschwindend geringer Teil wirklich inhaltlich, die meisten Punkte, die es zu erfüllen galt, waren: korrektes Zitieren, Rechtschreibung, Schriftart und Schriftgröße, Anzahl der Quellen, Seitenränder, korrektes Formatieren des Deckblattes und bitte kein Flattersatz, wirklich niemals Flattersatz! Für mein deutsches Hirn bedeutete wissenschaftliches Arbeiten nichts anderes als die akribische Einhaltung eines äußerst strengen, aber niemals vollkommen transparenten Regelkanons. Wenn es um dieses Regularium aber gar nicht ging, wie meine Cambridger Dozenten behaupteten, worum ging es denn dann?

Die Dozenten waren bei der Beantwortung dieser Frage nur wenig hilfreich. »Konzentrier dich auf den Inhalt und lass die Quellen weg«, sagten sie, aber ich wusste nicht mal, was das heißt. Ohne Quellen, wo sollte denn da der Inhalt überhaupt herkommen? Inhaltlich war ich es gewohnt, Quellen zu einem Text zu verweben: So sieht der das, so sieht die das, so kann man das auch sehen, Fazit. Das war der Aufbau meiner wissenschaftlichen Arbeiten. Ohne Quellen blieb nicht viel davon übrig.

Am schlimmsten war dieses Problem für mich in einem Fach, welches den Namen »Practical Criticism« trägt und nur als Teil des englischen Literaturstudiums in Cambridge unterrichtet wird, aber sinnbildlich ist für die Art, wie in Oxbridge studiert wird. In »Practical Criticism« bekommen Studenten einen vorher unbekannten Text vorgelegt und müssen dann ohne Hilfe weiterer Quellen über diesen Text einen Essay schreiben. Den Studenten wird dabei nicht gesagt, wann oder von wem der Text geschrieben wurde, und trotzdem müssen sie ohne jegliche Zusatzinformationen drei bis fünf Seiten über diesen Text schreiben. Wie soll man drei Seiten ohne Verwendung von Quellen über einen Text produzieren, von dem man nicht mal weiß, wer ihn geschrieben hat? Was schreibt man denn da rein?

Diese Frage stellte ich nach einigen Wochen der Kommilitonin, die auf ihre einquellige Arbeit eine Bestbewertung bekommen hatte. »Wenn eine Textstelle sich anfühlt wie Feuerwerk unter Wasser«, sagte sie, »dann musst du schreiben, dass die Textstelle sich anfühlt wie Feuerwerk unter Wasser.« Aha. Da ich in meinem Leben noch nie gedacht hatte, dass irgendwas sich wie Feuerwerk unter Wasser anfühlt, konnte ich mit dieser Antwort wenig anfangen. Im Gegenteil, je mehr ich versuchte zu begreifen, was von mir erwartet wurde, desto mehr hatte ich das Gefühl, mich nicht in einer europäischen Universität, sondern in einem fernöstlichen Kloster aufzuhalten, wo jede Frage mit einem Rätsel beantwortet wird. Und irgendwie war es auch so. Denn es ging ja wirklich nicht um die

Einhaltung klarer Regeln, sondern um ein tieferes Verständnis, was für Nichteingeweihte wie mich durchaus esoterisch wirkt. Wenn ich erklären müsste, was ich in meinem ersten Jahr in Oxbridge gelernt habe, dann ist es vor allem das: das Gefühl von Feuerwerk unter Wasser zu begreifen.

Auch sonst hat das Studium in Oxbridge wenig mit dem in Deutschland zu tun. Aus Deutschland war ich es gewohnt, am Tag zwei bis drei Seminare oder Vorlesungen mit je 90 Minuten zu haben. Als Geisteswissenschaftler konnte ich meinen Stundenplan zwar so legen, dass ich freitags freihatte, aber irgendwas zwischen 14 und 20 Semesterwochenstunden verbrachte ich schon in Univeranstaltungen. In Oxbridge war das ganz anders. Seminare gab es eigentlich keine. Vorlesungen waren rein freiwillig, viele Studenten besuchten sie gar nicht, und sie dauerten höchstens 50 Minuten. Mit viel Mühe kam ich vielleicht auf fünf Stunden Unterricht die Woche in den ersten beiden *terms*. Im dritten *term* – das in Cambridge »Easter term« und in Oxford »Trinity« heißt und in dem die Examen stattfinden – hatte ich praktisch gar keinen Unterricht mehr.

Zeit hatte ich trotzdem keine. Im Gegenteil, das Studium in Cambridge brachte mich an die Belastungsgrenze. Denn während ich in Deutschland die Seminare und Vorlesungen so vor sich hinplätschern lassen konnte und mein Hirn eigentlich nur für die Hausarbeiten in den Semesterferien einschaltete, war Cambridge intellektuelle Schwerstarbeit.

Anstatt in Seminaren findet in Oxbridge der Unterricht hauptsächlich in *tutes,* also Tutorien, und *supervisions* statt. In diesen Tutorien unterhält sich ein Dozent mit einer kleinen Gruppe von Studenten. Oft sind es tatsächlich Einzelgespräche, selten sind mehr als vier Studenten in einer Tutoriengruppe. Zwischen den 20 bis 50 Studenten, die in einem deutschen Seminar so sitzen, kann man problemlos schweigen, ohne dass es negativ auffällt. Wenn man in Oxbridge in einer Vierergruppe oder sogar alleine eine Stunde lang mit einem Dozenten in einem gemütlichen Büro oder in einem Café sitzt, ist Schweigen keine Option. Genauso wie es wirklich schlecht möglich ist, sich nicht aufs Tutorium vorzubereiten. Das eigentliche Lernen findet also auch nicht im Unterricht statt, sondern in der Vorbereitung auf die *tutes.* Und diese Vorbereitung hat's in sich, denn sie wird in Form von Essays erbracht. Anstatt einmal im Semester eine Hausarbeit pro Fach zu schreiben, muss der Student für jedes Tutorium einen neuen Essay schreiben. Und zwar einen mit Feuerwerk.

Wenn ein Student also fünf Fächer hat und für jedes Fach alle zwei Wochen ein Tutorium, dann hat er zwar nur zwei bis drei Stunden Anwesenheitspflicht die Woche, dafür aber jede Woche mindestens zwei Essays zu schreiben. Für diese Essays muss der Oxbridge-*undergraduate* zwar wenig wissenschaftliche Fachliteratur lesen – anders als in Deutschland –, dafür aber umso mehr Primärtexte. Nie werde ich vergessen, wie ich die Aufgabe für einen meiner ersten Essays im Fach »Viktorianische Literatur« entgegennahm. Ich sollte die Darstellung von Armut in

Henry Mayhews *London Labour and the London Poor* (ca. 600 Seiten) mit der Darstellung von Armut bei Charles Dickens vergleichen.

»Welches Werk von Dickens soll ich lesen?«, fragte ich meinen Dozenten.

»Alle«, antwortete er. Er lachte, aber es war nur ein halber Witz. In Wirklichkeit erwartete er eine oberflächliche Vertrautheit mit dem Gesamtwerk und dass ich zumindest die gut 15 Bücher, die zum Hauptwerk zählen, darunter *Bleak House* mit gut 1000 Seiten, gelesen haben sollte. Da ich in diesem Fach Einzeltutorien hatte, war mir vollkommen klar, dass die Lektüre nur vorzutäuschen ausgeschlossen war. Also las ich.

Eine durchschnittliche Woche in Cambridge sah dann also so aus: Ich wachte morgens auf, nahm das Buch, das neben mir lag, und begann zu lesen. Ich putzte mir lesend die Zähne und schlurfte, meist im Schlafanzug und mit Buch in der Hand, in die *Buttery*, die Mensa, in der die informellen Mahlzeiten eingenommen wurden. Dann ging ich zurück in mein Zimmer, um weiterzulesen. Wenn das Wetter gut war, ging ich in einen der Gärten und las auf den Wiesen am Ufer des Cam, zwischen Narzissen oder Heliotropen oder was auch immer sich die Gärtner gerade ausgedacht hatten. Ab und zu hörte ich einem Fremdenführer zu, wie er mit einem Stocherkahn voller Touristen an mir vorbeifuhr und die tollsten – meist vollkommen erlogenen – Geschichten über Cambridge erzählte. Normalerweise nahm ich die Touristen aber gar nicht wahr, weil ich viel zu wenig Zeit und viel zu viel

Buch hatte. Dann ging ich zum Mittagessen, wo meine Kommilitonen ihre Lesefortschritte besprachen oder wie weit welcher Essay schon war und dass man das alles gar nicht schaffen konnte. Dann setzte ich mich in ein Café und las weiter bis zum Abendessen, welches ich entweder in der *Buttery* oder in der *Hall* zu mir nahm – also entweder in einer Art besserer Mensa mit Selbstbedienung oder in einem Festsaal mit mindestens drei Gängen und Personal –, und dann las ich weiter. Meistens bis in die frühen Morgenstunden.

Irgendwann gegen Mitte der Woche fiel mir im Regelfall auf, dass ich demnächst einen Essay abgeben musste und bis dahin niemals mit dem Lesepensum fertig werden würde. Dann hörte ich auf, essen zu gehen, zu schlafen, zu duschen, blieb nur noch in meinem Zimmer und trank abwechselnd Kaffee und Fertigsuppe am Schreibtisch. Trotzdem wurde ich mit dem Lesepensum nie fertig. Mindestens einen Tag später, als ich mir vorgenommen hatte, und ohne die Literaturliste in ihrer Gänze bewältigt zu haben, begann ich dann mit dem Schreiben des jeweiligen Essays. Dafür ging ich in die College-Bibliothek, die 24 Stunden am Tag geöffnet ist. Hier saßen zu jeder Tages- und Nachtzeit Studenten in Schlafanzügen, Sportklamotten oder in einem an ein Tierkostüm erinnernden Strampelanzug und arbeiteten an ihren Essays. Die meisten Studenten hatten in der Bibliothek einen festen Arbeitsplatz okkupiert. Viele lagerten dort nicht nur Bücher und Schreibwaren, sondern auch Schokolade, Softdrinks, Deospray und Schlafsäcke.

Am Anfang brauchte ich für einen Essay noch eine Woche. Nach ein paar Monaten rockte ich so einen Essay in einer Nacht runter. Die Deadlines waren meist morgens um neun, was die natürliche Neigung des Studenten zur Nachtarbeit noch verstärkte.

Das Gefühl, das in so einer Nacht in der Bibliothek entsteht, ist unbegreiflich intensiv. Wie ein Ferienlager für Intellektuelle. Besonders schön war es, wenn ich mit guten Freunden zusammen eine Deadline hatte. Wenn wir stinkend und hungrig an benachbarten Schreibtischen saßen und uns alle Stunde mit blutunterlaufenen Augen ansahen und »How's it going?« oder »I've got fuck all« – also: »Ich hab gar nichts« – rüberflüsterten. Oder nachts um halb vier im Dezember eine Zigarettenpause vor der Bibliothek machten und uns dabei gegenseitig die Argumente unserer Essays verbesserten. Irgendwann gegen fünf schlug die große Ermüdung zu, die kurz danach von hysterischen Lachkrämpfen abgelöst wurde. Ein Student rannte nackt durch die Bibliothek. Irgendjemand grölte betrunken durch die Gegend oder hatte geräuschintensiven Geschlechtsverkehr in einem der separaten Leseräume. Dann begannen wir uns zu streiten, weil jemand zu laut kaute oder schon wieder überall Deo rumgesprüht hatte. Spätestens beim Morgendämmern schworen wir uns ewige Freundschaft.

Nachdem ich meinen Essay um 9 abgegeben hatte, nie zu spät, worauf ich stolz war, aber auch keine Minute zu früh, ging ich meist direkt ins Bett. Ich schlief für ein paar Stunden, stellte den allgemeinüblichen Ernährungs- und

Hygienestandard wieder her und ging dann am Nachmittag zum Tutorium. In diesem Tutorium besprachen mein Tutor und ich in lockerer Atmosphäre, meist mit einer Tasse Tee, manchmal mit einem Glas Port und immer beim Vornamen, die Details meines Essays. Was gut war, was ich hätte besser machen können. Was ich nicht verstanden hatte und was ich dringend noch hätte lesen müssen. Das Tutorium endete in der Regel mit der Vergabe des nächsten Essay-Themas und der nächsten Leseliste und das Spiel begann von vorne.

Heute würde ich sagen, dass ich keine bessere Art, etwas zu lernen, kenne als dieses Essay-und-Tutorien-System. Wenn man schnell Fortschritte machen möchte, gibt es kaum einen effizienteren Weg, als sich intensiv in ein Thema einzulesen, dann intensiv über dieses Thema nachzudenken, die Gedanken schriftlich festzuhalten und darauf sofort Rückmeldung zu bekommen, die man dann direkt im nächsten Essay umsetzen kann. In der Lernpsychologie nennt man diesen Kreislauf aus konzentriertem Lernen, Anwenden, Rückmeldung bekommen und wieder von vorne anfangen »Deliberate Practice«, was sich vielleicht als »bewusstes Üben« übersetzen lässt und von vielen als Goldstandard des Trainings für Hochleistungssportler oder Spitzenmusiker angesehen wird. Im Vergleich dazu erschien mir das deutsche Hausarbeitenschreiben – also erst ein Semester Unterricht, dann eine einzige Hausarbeit, dann wochenlang auf Rückmeldung warten, die dann auch nur in Form von ein paar schriftlichen Kommentaren stattfindet und ohne Möglichkeit des direkten Umsetzens – erstaunlich ineffizient. Gleichzeitig ist dieses Oxbridge-System sowohl für die Studenten als auch für die Dozenten mit einer viel größeren Anstrengung verbunden.

Anders als ein deutsches Semester, das ja in der Regel ca. 14 Wochen dauert, hat ein Oxbridge-*term* gerade mal acht Wochen. Länger würde das auch kein Mensch aushalten. Denn spätestens ab der zweiten Woche ist man vollkommen übermüdet, hat mehr Seiten auf der Leseliste, als der Tag Minuten hat, und ist mit allen Essays im Verzug. Dass man mit irgendwas pünktlich fertig wird oder eine Aufgabe komplett erfüllt, kann man praktisch ausschließen. Vor allem, weil man ja gleichzeitig noch am Universitätsleben teilnehmen soll und will: Sport treiben, sich in *Societies* oder der studentischen Vertretung engagieren, networken und jedes Wochenende feiern gehen.

Es ist ein permanentes Zuviel, in dem der Oxbridge-Student einen eigenen Arbeitsfatalismus entwickelt, irgendwo zwischen pragmatisch und pathologisch. Pathologisch, weil man schnell lernt, die normalen Regeln des Selbsterhalts zu ignorieren: schlafen, essen, duschen werden optional. Und obwohl man weiß, dass man in drei Tagen einen Essay abgeben muss, für den man noch 5000 Seiten lesen sollte, geht man trotzdem feiern oder besucht die Veranstaltung mit dem Hollywoodregisseur, der Bestsellerautorin oder der Politikerin. Weil man ja immer eine Deadline hat, die viel zu nah ist, lernt man das Wissen um die Deadline ausschalten zu können, als gäbe es sie gar nicht. Und sich, wenn das Wasser bis zum

Hals steht, noch zu verhalten, als könnte man gar nicht nass werden. Dass man sich in den meisten Fällen dadurch immer weiter in die Fluten begibt, bis man sich sicher ist, dass man diesmal ertrinken wird, ist Teil der Pathologie.

Gleichzeitig wird man unendlich pragmatisch. Man lernt sehr genau, wie viel man tun muss, damit es gerade so reicht. Man lernt, wie viele Bücher man lesen muss, damit der Tutor denkt, man habe alle gelesen. Oder welche Teile von Büchern man lesen muss, um ein Buch gelesen zu haben. Oder wie man einen Essay strukturieren muss, damit er durchdacht wirkt, auch wenn er das wirklich nicht ist. Anstatt wie in Deutschland sehr wenig sehr tief zu tun, tut man sehr, sehr viel mit einer gewissen Oberflächlichkeit.

In dem Jahr in Deutschland, bevor ich nach Cambridge ging, musste ich verpflichtend für mein Literaturstudium insgesamt drei Bücher als Primärtext lesen und lernte, über diese drei Bücher kenntnisreich zu schreiben. In meinem Jahr in Cambridge las ich etwas über einhundert Bücher – viele davon sehr dick – und lernte, über Hunderte weitere Bücher kenntnisreich zu sprechen und zu schreiben. Insgesamt habe ich in meiner Zeit in Oxbridge deutlich mehr Wissen angesammelt als in meiner Zeit in Deutschland, noch viel mehr Wissen habe ich aber zu simulieren gelernt.

Das Ergebnis eines Oxbridge-Studiums liegt irgendwo zwischen Genialität und Bullshit. Es ist das genaue Gegenteil dessen, was man an einer deutschen Uni beigebracht bekommt. In Deutschland lernt man, eine möglichst naheliegende These so sehr mit Belegen zu untermauern, dass sie keiner mehr anzweifeln kann. In Oxbridge, wie mir eine Dozentin mal erklärte, lernt man »sich so weit aus dem Fenster zu lehnen, wie es nur irgendwie geht, ohne rauszufallen«.

Der stehende Ausdruck dafür ist »a genuine contribution to knowledge«. Also: ein echter Beitrag zum Wissen. Dass eine akademische Arbeit einen echten Beitrag zum Wissen liefern soll, wird in Deutschland erst ab der Promotion verlangt. Davor lernt der deutsche Student das Handwerkszeug des Wissenschaftlers. Hausarbeiten, Bachelorarbeiten, Master- und Magisterarbeiten sind im Grunde Übungen im Handwerk – weswegen hier Formales auch das A und O ist. In Oxbridge ist das Ziel von Anfang an, genuine Beiträge zum Wissen zu liefern, also neue Denkansätze und spannende Thesen. Die Essays und Tutorien sollen also nicht primär wissenschaftliches Arbeiten lehren – das akademische Handwerk ist nebensächlich und wird eigentlich frühestens im Master erwartet –, sondern kreatives, innovatives Denken und Schreiben.

Das Ideal des Oxbridge-Studiums, speziell des geisteswissenschaftlichen, ist dann auch nicht korrektes wissenschaftliches Arbeiten und nicht mal Kenntnis des eigenen Faches, sondern die Fähigkeit, über fast jedes Thema gewinnbringend reden zu können. Das macht die Oxbridge-Absolventen fast fachunabhängig so erfolgreich. Wer in Oxbridge studiert, der lernt nicht primär die Methoden eines Faches, sondern wie man in kürzester Zeit große Mengen an Daten so bearbeitet, dass man sich eloquent und innovativ über sie äußern kann. Diese Fähigkeit prädestiniert Oxbridge-Absolventen für eine Großzahl von Berufen: für den Journalismus, wo ständig neue Themen durchdrungen werden müssen, für die Politik, wo Expertenmeinungen schnell begriffen und in konkrete Handlungen übersetzt werden müssen, eigentlich für fast jede Art von Führungsposition, in der man Entscheidungen treffen muss, Dinge betreffend, die man selbst nur teilweise begreift und oft nicht ausführen könnte. Und gleichzeitig prädestiniert sie einen natürlich dazu, über Dinge zu reden, die man im Kern nicht so gut durchdrungen hat wie viele andere, die nicht annähernd so gut über sie reden können. In Oxbridge erwirbt man vor allem die Fähigkeit, wissend zu wirken.

Um dieses Ziel zu erreichen, muss man tatsächlich ziemlich viel wissen. Das Geheimnis an solchen Fächern wie »Practical Criticism« ist nicht, dass man ohne Sinn und Verstand losplappert über einen Text, von dem man nicht mal den Autor kennt. Sondern dass man vorher so viel Wissen erworben hat, dass man den Namen des Autors gar nicht genannt bekommen muss, um sich informiert über den Text zu äußern. Das Ziel ist es, einen vorher unbekannten Text zu sehen und anhand der Verbstruktur zu erkennen, dass er von einem Mitglied der *Bloomsbury Group* geschrieben wurde, und anhand des Namens einer Feuerwaffe im zweiten Absatz zu wissen, dass der Text zwischen 1914 und 1916 entstanden sein muss, weil diese

Waffe genau zu Beginn des Ersten Weltkrieges populär wurde. Oder ein Gedicht zu bekommen und am Versmaß zu erkennen, dass der Autor Altgriechisch konnte, weil eben dieses Versmaß nur bei den alten Griechen verwendet wurde. Oder allein anhand der Beschreibung einer weiblichen Stirnpartie zu wissen, dass ein Text aus dem *Gothic Revival* des 19. Jahrhunderts stammt. Der Punkt an Fächern wie »Practical Criticism« ist nicht, dass man ohne Quellen arbeitet, sondern dass man genug Quellen im eigenen Hirn haben muss, um keine Quellen zu benötigen.

Im schlimmsten Fall fühlt sich dieses Oxbridger Studieren an, als würde man aus zehntausend Metern Höhe und ohne Fallschirm aus dem Flugzeug springen. Man hat noch zwei Stunden bis zur Deadline und man weiß, dass man nichts weiß. Und anders als bei einer deutschen Hausarbeit kann man dieses Nichts nicht mit tonnenweise Sekundärquellen füllen. Man dreht sich und wendet sich, schreibt und löscht und schreibt und weiß, dass alles nur heiße Luft ist und der Abgrund auf einen zurast.

Im besten Fall aber erkennt man im Schreiben das eigene Können. Man schreibt und schreibt und glaubt sich mit jedem Wort ein bisschen mehr. Mit jedem Satz erkennt man, dass man etwas, wovon man vor wenigen Stunden noch geschworen hätte, dass man nichts darüber weiß, bis zum Kern durchdrungen hat. Solches Schreiben hat nichts mit dem mühsamen Erarbeiten einer Hausarbeit zu tun. Es ist keine Pilgerwanderung zum Schrein der Wissenschaftlichkeit, in der man sich Schritt um schweren Schritt an ein Ziel heranarbeitet. Es ist wie der Flug eines Adlers. Schnell und triumphal gleiten die Finger über die Tasten, Gedanken schließen sich zu immer schöneren Gedanken und führen in ungeahnte Höhen. Wie Ikarus fliegt man zur Sonne und sieht den Abgrund weit unter sich; wie Dädalus weiß man, wie weit in die Höhe man sich wagen kann, ohne zu stürzen. Das Denken selbst wird zu einem taumelnden Tanz mit der Unsterblichkeit. Es ist, als würde man elegant wie ein Delfin im Meer des eigenen Wissens dahingleiten, während in der Tiefe ein Schwarm aus Gedankenblitzen in Tausenden Farben funkelt. Wer diese Art zu schreiben und zu denken nie erlebt hat, der kann sich die Ekstase kaum vorstellen. Es ist ein vollkommen unglaubliches Gefühl:

Wie Feuerwerk unter Wasser.

LOOK AT MY FUCKING RED TROUSERS: DAS ANDERE OXBRIDGE

A uf der siebtkrassesten Party der Welt machte mich ein Typ an.

»Hey«, sagte er und blickte mich an, »lass mich dir einen Drink ausgeben.«

»Nein, danke«, antwortete ich, zum einen, weil ich den Typ ein bisschen schmierig fand, zum anderen, weil die Getränke sowieso umsonst waren.

»Komm schon«, sagte der Typ.

»Nein«, sagte ich.

»Weißt du, wer mein Vater ist?«

»Nein, wieso? Will dein Vater mir auch einen Drink ausgeben?«

»My dad owns the marquee«, sagte er.

Das englische Wort »marquee« bezeichnet ein großes Festzelt. Genau vor solch einem Festzelt standen wir gerade. Also dachte ich, der Typ wollte mich gerade tatsächlich mit »meinem Vater gehört das Festzelt« rumkriegen – das funktioniert vielleicht auf dem Oktoberfest oder auf einem Marktplatz in Agrabah, aber nicht auf der siebtkrassesten Party der Welt. Erst später klärte mich eine Freundin auf, dass »The Marquee« einer der altehrwürdigsten Clubs Londons sei. Hier gaben sich Queen – die Band, nicht der Monarch –, Eric Clapton und Elton John die Klinke in die Hand. Hier hatten die Rolling Stones 1962 ihren ersten Auftritt. Einen Unterschied machte das für mich nicht. Damit anzugeben, dass der Vater einen Club besitzt, ist nicht wirklich besser, als damit anzugeben, dass der Vater ein Zelt besitzt. Aber es ist deutlich mehr Oxbridge.

Zumindest ist es typisch für eine bestimmte Art von Oxbridge, eine, die gerade in englischen Medien, in Filmen und Mittelschichtsfantasien »das eigentliche Oxbridge« ist, für mich aber immer »das andere Oxbridge« bleiben wird. Im englischen Sprachgebrauch nennt man die Gruppe, die dieses andere Oxbridge ausmacht, gerne *Toffs*. Das Wort leitet sich wahrscheinlich vom Wort »tuft« ab, welches die Quaste an den quadratischen Hüten bezeichnet, die in Oxbridge zum Talar getragen werden. Aber auch wenn also schon im Wort für diese Schnösel die Zugehörigkeit zur akademischen Welt von Oxbridge angelegt ist, gehört nur eine Minderheit der Studenten von Oxbridge und kaum ein Dozent zu den *Toffs*. In Somerville hat nie jemand versucht, mich mit den Besitztümern des Vaters rumzukriegen. In St. John's passierte das häufiger, weil hier die *Toff*-Dichte einfach viel höher war. Logischerweise, denn die Reichen bleiben gerne unter sich und gehen daher gerne auf reiche Colleges.

Toffs erkennt man mit etwas Übung sofort. Sie treten meist im Rudel auf. Sie sprechen sehr laut und wiehern dabei wie Pferde. Sie haben meist glänzende, fluffige Haare, die ihnen etwas in die Stirn hängen. Im Regelfall tragen sie Hemden oder Polohemden, darüber Jacketts – entweder aus Tweed oder, noch beliebter, in den Farben ihres Ruder- oder Rugbyclubs. Meist sind sie recht schlank und gut gebaut, weil sie auf ihren Privatschulen viel Sport getrieben haben, vor allem Rudern und Rugby. Manchmal haben sie auch einen Bauch, weil sie bis vor Kurzem viel Sport getrieben haben, dann mit dem Sporttreiben aufhörten, aber immer noch genauso viel essen und, vor allem, trinken. Im betrunkenen Zustand tragen diese *Toffs* gerne Toga. Noch lieber tragen sie »Frauenkleider«, Make-up und schlechte Perücken und finden das brüllend komisch.

Vor allem aber erkennt man *Toffs* an ihrem Unterleib. Wer zu dieser Gruppe gehört oder es vortäuschen will, der trägt untenrum am liebsten Rot. Meist sind die Hosen bordeauxrot, manchmal aber auch eher pink. Dieser Fakt ist landläufig bekannt und die Beinkleider und ihre Träger werden oft einfach nur »fucking red trousers« genannt. Es gibt sogar eine Tumblr-Website, die Bilder von den schönsten Bonzenhosen sammelt und online zu finden ist unter »lookatmyfuckingredtrousers« – auf Deutsch: »Schau dir meine verfickten roten Hosen an«. Der Titel verbindet die Liebe der *Toffs* zu roten Hosen mit der ebenso großen Liebe zum Fluchen.

Die roten Hosen – nicht zu verwechseln mit einer ähnlich benannten Düsseldorfer Punkrockband – sind eine geschlossene Gruppe. Sie waren auf denselben Schulen.

Sprechen daher denselben Schulslang. Sie haben die gleichen Sportarten gespielt und dabei den gleichen Ehrenkodex entwickelt. Sie haben die gleichen Kindheitserfahrungen, nicht alle davon sind gut. Manchmal, wenn man so einen *Toff* alleine erwischt, was äußerst selten passiert, dann erzählt er einem vielleicht, wie es war, mit vier Jahren aufs Internat zu müssen. Vielleicht hat er abends alleine ins Kissen geweint und die Mama, oder eher das Kindermädchen, vermisst. Vielleicht wurde er von den älteren Jungs drangsaliert, wahrscheinlich hat er, nicht notwendigerweise freiwillig, seine ersten sexuellen Erfahrungen mit ihnen gemacht, vielleicht hat er später selber die kleineren Jungs misshandelt. Als Außenstehender kann man die Bindung zwischen den Toffs kaum begreifen. Sie sind wie ein Volk für sich. Und wenn sie sich nicht mutwillig entfernen, was sehr selten passiert, bleiben sie lebenslang Teil dieses Volkes. Wer nicht dazugehört, wird es auch niemals tun.

Will man aber auch nicht. So wie im Kindergarten Jungs irgendwann Mädchen doof finden und Mädchen Jungs nicht leiden können, gibt es auch in Oxbridge eine Trennung nach Geschlechtern, genau genommen nach Adelsgeschlechtern. Die *Toffs* blicken auf die anderen herab. »Die anderen« halten die *Toffs* für vollkommen daneben und auch für ziemlich peinlich. Die *Toffs* bleiben unter sich, treten mehr oder minder geheimen Verbindungen wie dem *Bullingdon Club* bei. Von diesen Clubs bekommt man als normaler Mensch eigentlich nichts mit, außer wenn sie mal wieder irgendwas auseinandergenommen haben. Im Regelfall funktionieren die Treffen dieser Clubs so, dass die Mitglieder gemeinsam in ihren satingefütterten Fracks essen gehen, gerne, so heißt es, in der Gesellschaft von Prostituierten, dabei sehr viel Champagner trinken, dann alles kurz und klein schlagen und sofort an Ort und Stelle für den entstandenen Schaden an Mobiliar und Personal bezahlen. Die vielen Tausend Pfund, die so ein Gemetzel kosten kann, stören nicht weiter. Im Gegenteil, es ist ja gerade eine Auszeichnung, dass man es sich leisten kann, einfach mal ein Restaurant inklusive Kellner zu demolieren.

Das einzige Mal, dass ich mit dem *Bullingdon Club* irgendwas zu tun hatte, war, als ein Restaurant, in dem wir gerne aßen, geschlossen hatte, weil – so flüsterte Oxford – die Bullingdon-Boys das Restaurant zerlegt hatten. Angeblich bekam der Restaurantbesitzer danach eine große Summe Schmerzensgeld, weshalb er keine Anzeige erstattete.

Solche Geschichten hört man öfters. Genau wie man öfters von den Aufnahmeprüfungen solcher Clubs hört. Zum Beispiel: vor einem Obdachlosen – wovon es in Oxbridge sehr viele gibt – eine Hundert-Pfund-Note anzünden. Oder, weniger geistreich, einen Obdachlosen verprügeln. Oder, wie im Fall von David Camerons Einstieg bei der *Piers Gaveston Society,* ein totes Schwein penetrieren.

Was davon wahr ist und was erfunden, lässt sich schwer einschätzen. Wobei es von David Cameron und dem Schwein Bilder zu geben scheint. Aber wer diese Art *Toffs* kennt, kann sich vorstellen, dass das so oder schlimmer wohl stimmt. Und es ist fast verwunderlich, dass diese

Jungs so normal wirken, wenn sie ein paar Jahre später ihre Positionen im Parlament einnehmen. Und es Generationen von Premierministern geschafft haben, regelmäßig bei der Queen vorbeizuschauen, ohne jemals den Palast auseinanderzunehmen.

Und trotzdem merkt man vielen Politikern an, dass sie im Herzen immer noch rote Hosen tragen. Wenn David Cameron kurz vor dem Brexit, bei einem Vier-Gänge-und-Champagner-Bankett, über dauerhafte Sparsamkeit redet, dann merkt man ihm an, dass er jahrelang Mitglied eines Clubs war, der es lustig findet, Obdachlose zu quälen. Und in der absoluten Nachlässigkeit, mit der Boris Johnson die Nation Richtung Brexit trieb, lässt sich noch immer der alte Bullingdon-Boris erahnen, dem kein Schaden zu teuer für das eigene Vergnügen ist. Denn was die Rothosen von Oxbridge kennzeichnet, ist ein vollkommenes Unvermögen, die Menschlichkeit derer zu begreifen, die nicht Teil der eigenen Vermögensschicht sind.

Männer wie David Cameron und Boris Johnson sind dazu erzogen, Geld als ein universales Äquivalent zu sehen. Es gibt nichts, was Geld nicht wiedergutmachen kann. Man darf sich benehmen wie die letzte Sau, solange man danach für den Schaden bezahlt. Man darf Fenster zerschlagen oder Kellnerinnen, solange man ein gutes Trinkgeld hinterlässt. Man kann jede Frau haben, denn dem Vater gehört ein Club, ein Anwesen, die halbe Welt. Wer das Geld hat, hat auch das Recht. Und wer kein Geld hat, hat keine Rechte. Und so ist die herausragende

Charaktereigenschaft dieser Klasse eine tiefe Abscheu gegenüber Armut.

Bei Menschen, die zu dieser Gruppe gehören, ist dieser Ekel so eklatant, dass man ihn als Außenstehender sofort mitbekommt. Auch wenn ich Jahre brauchte, um ihn wirklich zu begreifen – sehen konnte ich diesen Klassenhass von Anfang an.

Es war bei einem meiner ersten Dinner in St. John's, da schmiss ich versehentlich ein Weinglas um. Ich hatte wild rumgestikuliert, wie es meine Art ist. Die Tafel war eingedeckt mit Gläsern für Wasser, Weißen, Roten und Port und da passierte es halt so.

Neben mir saß ein junger *Toff*, der sich den ganzen Abend mit seinen rothosigen Freunden unterhalten hatte. In dem Moment aber, wo ich das Weinglas umschmiss, drehte er sich zu mir: »Sie hätte das Glas da nicht hinstellen sollen«, sagte er entschlossen und deutete mit dem Kopf in Richtung der jungen Frau, die uns bediente.

»Nein, es war meine Schuld, ich hab zu viel gestikuliert.«

»Das hätte sie sehen und das Glas wegräumen müssen. Es war ihre Schuld.«

»Nein, es war wirklich meine. Ich hab das Glas ja auch selbst da hingestellt«, antwortete ich wieder. Aber er wollte sich einfach nicht davon abbringen lassen, die Schuld bei der Kellnerin zu suchen. Ich glaube, er meinte es auch nicht böse. Im Gegenteil, er wollte mir über die Peinlichkeit helfen, indem er die Schuld dahin schob, wo sie für ihn sowieso hingehörte: zum Personal.

Einige Tage später sah ich den gleichen Studenten auf dem Hof wieder. Er hing mit seinen Freunden rum. Sie trugen alle Jogginghosen (ausnahmsweise nicht rot) und schmuddlig-weiße Unterhemden. Beim Vorbeigehen hörte ich, wie er zu einem Freund rüberrief: »Komm, wir spielen sozialer Wohnungsbau. George ist eine alleinerziehende Mutter und wir sind seine fünf Kinder. Du kannst der Alki-Vater sein.« Dabei lachte er sich kaputt, als gäbe es nichts Lustigeres als alleinerziehende Mütter, Armut oder Alkoholismus. Später erfuhr ich, dass er PPS, *Politics, Psychology and Sociology,* studierte – also einen der Studiengänge, in dem die politischen Eliten geformt werden. Auch er wollte später mal Politiker werden. Ich bin mir sicher, er wird es weit bringen.

Was in den Rothosen vorgeht, kann ich natürlich nicht wissen, denn ich gehöre und gehörte ja nicht dazu. In St. John's beobachtete ich sie nur – beim Abendessen, im Collegepub oder in den Gärten –, während mein eigener Freundeskreis vor allem aus Bildungsaufsteigern, Immigrantenkindern und begabten Mittelschichtlern bestand. Flüchtigere Freundschaften baute ich zu einigen Frauen auf, die sich im Dunstkreis der Rothosen bewegten. Deren Väter selbst welche waren. Die mit Rothosen ausgingen und sich zu jedem Date Hermès-Tücher schenken ließen. Zu den Rothosen selbst konnte ich, vielleicht weil es mich nicht interessierte, wer ihre Väter waren, keinen Draht finden. Trotzdem glaube ich, dass ich sie heute begreife.

F. Scott Fitzgerald, der Autor des *Großen Gatsby* und wahrscheinlich größte Reichenbeobachter der Literaturgeschichte, schrieb einmal, dass die Reichen anders sind als wir, weil sie sich die Vorzüge des Lebens nicht erst erschließen mussten, sondern sie schon von klein auf genossen haben. Die wirklich Reichen, schreibt Fitzgerald, glauben tief in ihrer Seele, dass sie besser sind als wir. In Oxbridge trifft man selten wirklich reiche Menschen, zumindest nicht solche wie bei Fitzgerald. Die Rothosen sind nach dieser amerikanischen Idee von Reichtum nicht reich. Sie haben zwar Ländereien, Familiensitze und oft ganze Dörfer, aber sie sind in der Regel nicht liquide. Wenn man den Rothosen zuhört, kann man schnell denken, dass ihre Familien eigentlich am Hungertuch nagen, denn so ein Landsitz ist wahnsinnig teuer im Unterhalt, schon alleine die Heizkosten bei 40 Schlafzimmern sind enorm, alles denkmalgeschützt und nicht isoliert, und ein Dutzend Gärtner muss ja auch erst mal bezahlt werden! Was den englischen Reichen aber an Milliarden fehlt, machen sie durch Langlebigkeit wett. Sie mögen nicht so reich sein wie amerikanische oder saudische Reiche, dafür sind sie es aber schon viel länger. Schon die Väter ihrer Väter wussten, dass sie ganz wichtige Väter haben. Diese englischen Reichen denken nicht nur, dass sie besser sind als wir, sie denken, dass ihre Familien das auch schon immer waren. Bessersein fließt in ihren Adern.

Das ist keine Überheblichkeit oder Arroganz, sondern eine Lebenserfahrung und vor allem eine materielle Notwendigkeit. Wer schon immer besser behandelt wird, wer schon immer alle Privilegien genießt, muss denken, dass er das auch verdient hat.

Wenn die Queen nicht denken würde, dass sie und ihre Familie im Grunde genommen anders – also besser – seien als ihre Untertanen, dann müsste sie zurücktreten und die Monarchie abschaffen. Sie könnte die 40 Millionen Pfund, die sie jedes Jahr verdient, nicht annehmen. Sie müsste ihre Schlösser aufgeben. All das ist natürlich undenkbar. Der Erhalt der Monarchie, der Erhalt von England, wie wir es kennen, hängt davon ab, dass es eine Familie gibt, die von sich selbst denkt, dass sie erblich bedingt einzigartig ist. Natürlich wird es dieser Familie besonders leicht gemacht. Das Motto des englischen Monarchen ist seit gut 900 Jahren *Dieu et mon droit* – Gott und mein Recht. Seit gut 900 Jahren wachsen also in englischen Palästen Kinder auf, die umgeben sind von Wappen, Schilden, Fahnen und Alltagsgegenständen, die sie daran erinnern, dass sie – und nur sie – ein göttliches Recht haben, Monarchen zu sein. Ein Recht, das ja dadurch noch bestärkt wird, dass der Monarch, seit der Reformation, Oberhaupt der englischen Kirche ist. Es sind also nicht nur jedes Wappen, jede Pfundmünze, jede Briefmarke, die die englischen Monarchen – und die Untertanen – an ihr Recht erinnern, sondern auch jede religiöse Zeremonie. Sie begegnen täglich Menschen, die sie anders behandeln als alle anderen Menschen, weil sie eben dieses Recht haben. Jede Interaktion ihres Lebens, jeder Gottesdienst, jedes Gespräch unter Freunden, jede Liebesbeziehung ist von diesem Wissen bestimmt. Würden sie auch nur für einen Moment denken, dass im Grunde alle Menschen gleich sind, dann würde das ihren Wohlstand, ihre Kindheit, ihre Familie, ihre Religion, ihre ganze Identität und im Grunde die Identität des ganzen Landes infrage stellen. Manchmal frage ich mich, ob die Queen wohl ab und zu im Bett liegt und sich überlegt, wie die Welt wohl aussähe, wenn sie einfach nur ein ganz normaler Mensch wie alle anderen wäre, der aus reinem Zufall da ist, wo sie jetzt ist. Falls sie das tut, es müssen schreckliche Nächte sein.

Natürlich sind die meisten Reichen, die mir in Oxbridge begegnet sind, nicht Mitglieder der königlichen Familie. Die Queen und Prince Philip waren in meinem Jahr in St. John's zwar mal bei einer Garden Party, aber das war eher eine Ausnahmeerscheinung und auch sonst hielt sich die Royal-Dichte in Grenzen. Aber die Situation der königlichen Familie ist irgendwie doch beispielhaft. Denn in ganz England wachsen *upper-class*-Kinder in Familiensitzen, Landhäusern oder Palästen auf, in dem Wissen, dass ihre Familie seit Jahrhunderten schon besser ist. Sie wachsen auf mit Bediensteten, die sich vor ihnen verbeugen, zwischen den Bildern von Ahnen, vor denen sich auch schon immer alle verbeugt haben. Wenn sie nach Oxbridge kommen, dann wissen sie, dass sie bereits die zehnte Generation sind. Wenn sie in die Politik gehen, wissen sie, dass ihre Urgroßväter auch schon das Land regierten, dass Macht eine Familientradition ist, wie andere Familien halt Bäcker werden. Die Privilegien der englischen *upper class* sind so groß, so alt und so mit den persönlichen Biografien verwoben, dass sie ein Mitglied dieser Klasse eigentlich nicht hinterfragen kann, ohne damit seine ganze Identität zu gefährden. Die Grundbedingung für eine Gesellschaft, die so langlebige und rigide Klassen hat wie die englische, ist die Vorstellung, dass Menschen natürlicherweise verschiedenen Klassen angehören – dass einige einfach besser sind.

Und gleichzeitig, während das Gefühl der selbstverständlichen Überlegenheit seit tausend Jahren durch die Familien vererbt wird, hat sich die Begründung für diese Überlegenheit in den letzten Jahrzehnten verschoben. Die schleichende Säkularisierung hat auch vor der englischen Oberschicht nicht haltgemacht – auch wenn Oxbridge natürlich nach wie vor eine Hochburg des Christentums ist und ein Großteil der Oberschicht kirchentreu. Dennoch, *Dieu et mon droit* ist nicht mehr so überzeugend, wie es mal war. Die Klassengrenzen gibt es noch, die Kirche auch, selbst den Familienstolz, aber daneben gibt es einen neuen neoliberalen Individualismus, in dem jeder denken will, dass er seine Stellung ganz alleine und höchstpersönlich verdient hat. Die moderne *upper class* denkt nicht mehr, dass Gott ihr ihre Position gegeben hat, sondern dass sie sich ihre Stellung selbst hart erarbeitet hat, trotz der allerwidrigsten Umstände. Wenn man lang genug neben angetrunkenen *Toffs* sitzt, wird man früher oder später jemanden hören, der erklärt, dass es Menschen wie sie viel schwerer haben in der Welt und ihnen so viele Vorurteile begegnen. Und wenn sie irgendwann mal die Führung übernehmen, dann sind sie oft davon überzeugt, dass sie es trotz und nicht wegen ihrer Privilegien geschafft haben. Die meisten Herren der englischen Oberschicht halten sich im Grunde für *self-made men*.

Und in gewisser Weise haben sie damit auch recht. Wenn so ein Oberschichtler seine Führungsposition einnimmt, dann hat er im Regelfall eine beachtliche Reihe an Leistungen auf seinem Lebenslauf stehen. Er hat schon für wichtige Leute gearbeitet, renommierte Positionen ausgefüllt, für die großen Zeitungen geschrieben oder selbst eine Firma gegründet, die dann mehr oder minder erfolgreich war. Und natürlich war er an einer der besten Universitäten der Welt. Solche Oberschichtler haben mehr von der Welt gesehen, mehr Kontakte geknüpft, mehr Sport getrieben, mehr Sprachen gelernt, mehr Spenden für gute Zwecke eingetrieben und mehr Business-Erfahrungen gesammelt. All das ist logisch: Es ist natürlich leichter, Sprachen zu lernen, wenn man immer einen Sprachlehrer zur Verfügung hat. Leichter, viel zu reisen, wenn man dafür nicht erst sparen muss und die Familie sowieso finanzielle Interessen und Ländereien auf dem ganzen Globus hat. Leichter, viel Sport zu treiben, wenn Sport treiben zum Ethos der Schule gehört. Leichter, eine Firma zu gründen, wenn ein Bankrott keinerlei persönliches Risiko birgt, und leichter, viele Spenden zu sammeln, wenn alle Menschen, die man kennt, ein paar Tausend Pfund für Kleingeld halten.

Oxbridge ist der Katalysator dieses Prozesses. Denn Oxbridge ermöglicht es den jungen Toffs, die Privilegien der Kindheit in die Leistungen des Erwachsenenlebens umzuwandeln. Aus dem jahrelangen Drill der Privatschulen werden hier die Noten, die für den Rest ihres Lebens die Eignung bestätigen. Denn während es in Deutschland keinen Menschen interessiert, welche Note ein Politiker im Bachelor (oder Magister) hatte, bleibt diese Information in England ewig relevant. Hierbei gibt es nur zwei akzeptable Ergebnisse – *first class* und *second class* – und obwohl es technisch gesehen wohl auch eine *third class* gibt, ist Oxbridge recht gut darin, sicherzustellen, dass niemand mit so einer Schmach durchs Leben gehen muss. Von den Bachelornoten sind die englischen Eliten besessen; auch bei Menschen weit jenseits der 40 muss die Bachelornote in Zeitungsartikeln und Wikipedia-Einträgen erwähnt werden. David Cameron und Jeremy Hunt hatten übrigens eine *first;* Boris Johnson, Theresa May, Michael Gove und Jacob Rees-Mogg mussten sich mit einer *second* zufriedengeben und ich bin mir sicher, sie grämen sich immer noch deswegen.

Viel wichtiger noch als die Noten sind aber die außerakademischen Möglichkeiten, die Oxbridge bietet. In Oxford und Cambridge gibt es jeweils gut 400 verschiedene Clubs und Vereinigungen. Es ist egal, ob man eine Zeitung schreiben, rudern, Politik machen oder Wirtschaftsberater werden will – Oxbridge hat einen Club dafür. Schon kurz nach der Immatrikulation werden die Neuankömmlinge durch den *Freshers' Fair* geführt – eine Art Jahrmarkt, wo sich die Clubs vorstellen und mit Gratispizza um Frischfleisch buhlen. Natürlich gibt es auch an deutschen Unis Clubs und Gruppen, aber die schiere Masse, das Budget und die Selbstverständlichkeit, mit der davon ausgegangen wird, dass jeder Student sich in mindestens einem dieser Clubs engagiert, ist in Oxbridge völlig anders. Das bedeutet, dass, wenn ein Absolvent nach drei Jahren Bachelor mit 21 Oxbridge verlässt, er bereits mehr Berufserfahrung hat als der normale deutsche Magister mit Ende 20.

Die Königinnen dieser Clubs – die Kaderschmieden der *Toffs* und zukünftigen Eliten – sind die *Cambridge Union* und die *Oxford Union*. Gegründet wurden die beiden vor gut 200 Jahren, mit dem Ziel, Studenten das Debattieren beizubringen. Bis heute lernen Studenten hier, wie man Menschen mit Worten überzeugt – unabhängig davon, ob man recht hat oder ob man die Position, die man vertritt, eigentlich selber glaubt. Diese Fähigkeit ist natürlich wichtig für die zukünftige Elite – egal, ob in der Politik, der Presse oder den Führungsetagen großer Konzerne. In der *Union* lernen 17-jährige Studenten das Verhalten, welches ihnen später im Unterhaus zum Sieg verhilft – was man englischen Parlamentssitzungen übrigens durchaus anmerkt, denn hier gebärden sich die meisten zeitlebens wie 17-Jährige. Boris Johnson lernte in der *Oxford Union*, als er beim zweiten Anlauf ihr Präsident wurde, wie man eine Wahl gewinnt. Fast noch wichtiger als die Fähigkeiten sind aber die Kontakte, die man hier knüpfen kann. Denn die Debattierclubs laden regelmäßig die eminentesten Persönlichkeiten der Welt ein. Ob Tony Blair, David Cameron, Bill Clinton, Mutter Teresa, der Dalai Lama oder Elton John – früher oder später kommen sie alle in die *Union*. Das ist nicht nur schön, weil man dadurch später den Enkeln erzählen kann, wie man mit dem Dalai Lama Speck gegessen hat (in St. John's habe ich gelernt: der Dalai Lama isst gerne Speck), sondern vor allem deswegen, weil es deutlich leichter ist, erfolgreicher Journalist zu werden, wenn man den Intendanten der BBC schon in der *Union* interviewt hat, oder einen Fuß in die Politik zu bekommen, wenn man schon vor der Volljährigkeit mit dem Premierminister debattiert hat. Es ist also nicht überraschend, dass die heutige politische Elite früher einmal in der *Union* war. Theresa May hat hier einst gegen die These »Sex ist gut … aber Erfolg ist besser« argumentiert, also die Position vertreten, dass Sex besser als Erfolg ist – man wünscht ihr, dass sie das heute noch so sieht –, ihr Ehemann war sogar Präsident der *Union,* genau wie Boris Johnson und Michael Gove. Alle haben sie hier die Kontakte auf dem Silbertablett serviert bekommen, die ihnen später nach oben verhalfen.

Dass viele Toffs ihre Leistungen nur erbringen können, weil ihnen von Kindheit an immer alle Türen aufgehalten wurden, weil sie die beste Ausbildung und die besten Kontakte haben, wird aber irgendwann nebensächlich. Immerhin haben sie die Leistungen ja erbracht. Es wäre pervers, so die Logik der Elite, wenn jemand, der nachweislich mehr geleistet hat, nicht auch mehr Macht, Geld und Ansehen bekäme. Hierin begründet liegt ein eigenartiger Umkehrschluss, in dem die späteren Leistungen die frühen Privilegien rechtfertigen. Anstatt zu denken, dass man selbst nur mehr leisten konnte, weil man von Anfang an Möglichkeiten bekommen hat, von denen die meisten Menschen nur träumen, denken diese Toffs, dass sie die Möglichkeiten bekommen haben, weil sie ja besser und leistungsstärker sind. Ihr späterer Werdegang beweist förmlich, dass sie alles schon immer verdient haben. Die englischen Besserverdiener sind Besserverdiener, weil sie es einfach besser verdienen.

Die einzig logische Konsequenz dieses Denkens ist natürlich, dass jeder, der nicht die gleichen Privilegien besitzt, diese auch nicht verdient hat. Wenn der Reiche nur deshalb reich ist, weil er es verdient hat, reich zu sein, dann ist der Arme logischerweise deshalb arm, weil er es eben nicht verdient hat, reich zu sein. Für Toffs und Tories – also für die Bonzen und die meisten Mitglieder der konservativen Partei – ist Armut kein gesellschaftliches Problem, sondern die Konsequenz aus individuellen Fehlern. Wenn die Armen arm sind, dann ist es im Grunde ihre eigene Schuld, sie hätten ja auch, so wie man selbst, reich werden können. Die Armen treffen einfach die falschen Entscheidungen. Sie arbeiten nicht hart genug. Sie schicken ihre Kinder auf die falschen Schulen. Sie gehen nicht auf die richtigen Universitäten. Sie werden nie Mitglieder der richtigen Clubs und in der *Union* hat man auch noch nie von ihnen gehört.

Wenn die Armen ihre Armut aber selbst herbeigeführt haben, dann ist es moralisch falsch, sie irgendwie zu unterstützen. Denn dann bestärkt man sie ja nur in ihrem Fehlverhalten. Für Außenstehende oder den linken Flügel der Labour-Partei mag es pervers erscheinen, gleichzeitig Sparmaßnahmen zu verhängen, also die Unterstützungen der ökonomisch Schwächeren radikal zu streichen, und die Steuern der Reichen zu senken, aber in einer bestimmten

Art Oberschichtsdenken ergibt das nicht nur ökonomischen, sondern auch moralischen Sinn. Denn es ist im Grunde nichts anderes als der Versuch, die Guten – die Leistungsstarken – zu belohnen und die Schlechten und Faulen zu bestrafen. Es ist eigentlich eine pädagogische Maßnahme.

In diesem Denken fällt die Perversion, auf einem goldenen Thron bei einem mehrgängigen Menü von der Notwendigkeit von Sparmaßnahmen zu sprechen, gar nicht auf. Es ist auch gar keine Perversion. Denn denen, die hier wie Könige speisen, steht das zu. Während die, an denen gespart werden soll, ja dadurch nur etwas verlieren, was ihnen sowieso niemals zugestanden hat. Wer die Vermögenssteuer senkt, belohnt harte Arbeit. Wer Sozialausgaben erhöht – Arbeitslosengeld, sozialen Wohnungsbau, Kindergeld –, der belohnt Faulheit und Fehlentscheidungen. Wenn die *Toffs* also in ihren Clubs oder später in ihren politischen Ämtern den weniger Wohlsituierten das Leben erschweren, um sich selbst zu bereichern, dann handeln sie nicht enthemmt und außerhalb der Moral, sondern vollkommen innerhalb ihres eigenen Wertesystems. Wer einen Obdachlosen quält, wer sich über eine alleinerziehende Mutter lustig macht oder ihr das Kindergeld kürzt, wer das Personal beschimpft, wer Alten und Kranken die Sozialabgaben streicht, der bestraft Menschen, die diese Strafe fundamental verdient haben. Sonst wären sie schließlich nicht obdachlos, alleinerziehend, arm oder krank.

STIFF UPPER LIP:
BRITISCHE BESCHWERDEN

M einen ersten Abend in Oxford verbrachte ich in Todesangst. Nicht um mich selbst, sondern ich sorgte mich um das Leben eines Kommilitonen. Es war *Freshers' Week,* die Woche vor Beginn des akademischen Jahres, in der die neuen Studenten mit ihrem College, ihren Kommilitonen und der Universität bekannt gemacht werden. Wir gingen *punting* – fuhren also mit dem Stocherkahn über die Flüsse Oxfords, vorbei an imposanten Colleges und den botanischen Gärten. Wir besuchten den *Freshers' Fair,* einen Jahrmarkt, auf dem sich die 400 verschiedenen Clubs und Verbindungen vorstellen und mit Gratispizza locken. Wir spazierten über *Port Meadows,* die Überflutungsfläche an der Themse, auf der zwischen Wildblumen und Hausbooten ungehindert Gänse, Pferde und Kühe weiden. Wir tranken das ein oder andere *Pint* in den gut 30 Oxforder Pubs, die jeder kennen muss. Und abends gingen wir gemeinsam essen.

Es gibt viele Möglichkeiten, sich während einer *Freshers' Week* krankenhausreif zu verletzen. Man kann beim *punting* unglücklich ins Wasser fallen. Was mir tatsächlich passierte, wobei allerdings nur mein Selbstwertgefühl Schaden nahm. Man kann sich von den frei umherlaufenden Pferden und Kühen auf *Port Meadows* einen Tritt fangen. Man kann sich eine *Freshers' Flu* zuziehen, das ist der britische Überbegriff für alle viralen Erkrankungen, die vom langen, feuchtfröhlichen und manchmal auch nassen Feiern und dem Austauschen von Körperflüssigkeiten in der ersten Woche Studentenleben begünstigt werden. Man kann sich – und im Laufe der Jahre taten das einige meiner eigentlich vernunftbegabten Freunde – in den 30 Pubs, die jeder kennen muss, eine Alkoholvergiftung antrinken. Womit aber keiner rechnet, ist, dass einen ausgerechnet das Abendessen in Lebensgefahr bringt.

Genau das passierte einem Kommilitonen, einem Mathematiker aus Kanada, der eigentlich eine grundpositive Einstellung zum Essen hat. Den Mathematiker überraschte das alles am wenigsten. Er war sein Leben lang Nussallergiker. Deshalb hatte er schon bei der Reservierung und bei der Bestellung auf seine lebensbedrohliche Nussallergie hingewiesen. Er hatte mit dem Kellner alle Zutaten durchgesprochen, um sicherzugehen, dass da wirklich keine Nüsse drin waren. Als seine Pizza kam, fragte der Mathematiker sicherheitshalber noch ein drittes Mal nach. Der Kellner war da schon etwas genervt, bestätigte aber, dass in der Pizza keinerlei Nüsse oder nussähnliche Produkte seien, dass er in seinem Leben noch nie eine Nuss gesehen hatte, dass schon seine Großmutter ihn immer vor Nüssen gewarnt hatte und dass er bei seinen ungeborenen Kindeskindern – allesamt Nussverächter – darauf schwöre, dass in dieser Pizza keine Nüsse sind und auch niemals sein könnten.

In der Pizza waren Nüsse.

Der Mathematiker merkte es nach einigen Bissen, da war es aber schon zu spät. Seinen Epi-Pen, also die Spritze mit Adrenalin, die er eigentlich bei sich führen sollte, hatte er natürlich nicht dabei. Das schockierte uns alle, wobei ich den Mathematiker später besser kennenlernte und es rückwirkend als typisch bezeichnen kann. Zusammen hievten wir den mittlerweile blutrot angelaufenen, nach Luft schnappenden Mathematiker in ein Taxi. Eine Kommilitonin, die im Laufe des Studiums einer meiner engsten Freunde werden würde, die ich damals aber noch nicht kannte, fuhr mit ihm ins Krankenhaus. Ich glaube, für sie war es noch schlimmer als für ihn selbst. Zum einen, weil sie wirklich nicht wusste, ob er die Sache wohl überleben würde, zum anderen, weil er sich während der Fahrt quer über ihre Garderobe von der Pizza befreite.

Einige fuhren mit dem Bus ins Krankenhaus, andere gingen verstört zurück ins College und warteten auf Entwarnung. Am Ende blieb ich mit ein paar Angelsachsen im Restaurant zurück, um das Finanzielle abzuwickeln.

Nach einiger Zeit und ohne weitreichende Entschuldigungen brachte der Kellner uns die Rechnung. Ich war erst mal schockiert, dass wir überhaupt eine Rechnung bekamen. Meine Faustregel ist ja, wenn es so aussieht, als ob nicht alle das Essen überleben, geht's aufs Haus. Stillschweigend nahm ein angelsächsischer Kommilitone die Rechnung entgegen und legte sofort und recht diskret ein paar Scheine in das Rechnungsetui. Bevor er das Geld dem Kellner reichen konnte, schnappte ich ihm das Etui aus der Hand. Ich konnte meinen Augen kaum glauben: Das Restaurant hatte tatsächlich das ganze Essen, inklusive Pizza – samt Walnusspesto, wie sich mittlerweile rausgestellt hatte –, in Rechnung gestellt.

»Das zahlen wir ganz bestimmt nicht«, sagte ich zu den mit mir gebliebenen Angelsachsen. Betretenes Schweigen füllte die Runde und wurde dann von murmelnden Beschwichtigungsversuchen abgelöst. Ich weiß nicht, was die versammelten Briten schlimmer fanden, die Vorstellung, ein Kommilitone könnte das Leben verlieren, oder die Vorstellung, jemand könnte über die Rechnung diskutieren. Ich vermute Letzteres. Ich versuchte alles. Ich erinnerte sie daran, dass der Mathematiker ja extra dreimal nachgefragt hatte, ob denn auch wirklich keine Nüsse in seinem Essen wären. Dass wir vorher angefragt hatten, ob sie auch für einen Allergiker kochen könnten. Dass der Mathematiker gerade um sein Leben kämpfte. Es war einfach nichts zu machen. Man war sich einig, dass man hier nie wieder essen würde, und ebenso einig, dass man die Rechnung voll bezahlen und auf die Frage »Wie hat es Ihnen geschmeckt?« mit einem »Exzellent, danke« antworten würde.

Über die Jahre hat mich die britische Marotte, sich niemals zu beschweren, sondern alles immer stillschweigend zu ertragen, oft sehr amüsiert und noch öfter sehr aufgeregt. Wobei es natürlich auch nicht stimmt, dass sich die Briten nicht beschweren. Sie beschweren sich eigentlich pausenlos – nur nie bei den Verursachern. Wenn ihnen jemand ein Unrecht tut, dann bedanken sie sich freundlich, und wenn sie sich ganz sicher sind, dass niemand in Hörweite ist, der sich irgendwie verantwortlich fühlen könnte, dann schimpfen sie, als ob es kein Morgen gäbe.

Es stimmt schon, dass Tee trinken eine zentrale Beschäftigung des gemeinen Briten ist. Aber eigentlich ist der Tee eine Nebensache, denn gemeinsames Teetrinken erlaubt es einem, endlich mal nach Herzenslust zu lamentieren. Solche Lamentierrunden werden nach einigen Stunden vor allem von älteren Briten gerne mit den Worten »mustn't grumble«, »mustn't complain« oder »well, stiff upper lip« beendet. Gerade die letzte Phrase wird immer mit einer gewissen ironischen Distanz gesagt. Der Brite, der »stiff upper lip« sagt, ist sich zum einen bewusst, dass er gerade ein Klischee bedient, zum anderen, dass er eben diese steife Oberlippe – das Sinnbild für stoische Schicksalsergebenheit – nicht an den Tag gelegt hat. Bald versteht man, dass eben genau das das Klischee ist: erst stundenlang lamentieren, dann »stiff upper lip« sagen und keine der oft berechtigten Beschwerden jemandem mitteilen, der irgendwie irgendwas ändern könnte.

Am schockierendsten ist diese britische Schicksalsergebenheit in öffentlichen Verkehrsmitteln – vor allem für einen Deutschen. Denn hier treffen zwei vollkommen unterschiedliche kulturelle Prägungen aufeinander. Wer, wie ich, die ersten 20 Jahre seines Lebens in Deutschland verbracht hat, der hat öffentlichen Verkehrsmitteln gegenüber gewisse Grundvorstellungen. Zum Beispiel, dass sie Pläne haben, auf denen minutengenau steht, wann sie an der Haltestelle sein werden. Wenn da steht 11:37, dann denken wir, dass der Bus oder die Bahn auch um 11:37 da zu sein hat. Wenn sie das nicht tut – wenn sie zum Beispiel erst um 11:39 eintrifft –, dann halten wir es durchaus für angemessen, unsere Wut, nein Enttäuschung, mitzuteilen.

Das Erste, woran man sich in Großbritannien als Deutscher gewöhnen muss, ist, dass die Öffentlichen im Regelfall überhaupt keine Pläne haben. Zumindest nichts, was wir als Plan anerkennen würden. Anstatt an den Bushaltestellen Uhrzeiten zu verkünden, geht der Brite lieber auf Nummer sicher und schreibt nur Intervalle auf – also statt 11:37 eben alle 15 Minuten. Wobei auch diese Intervalle immer nur Richtwerte sind, von denen kein Busfahrer jemals denken würde, dass irgendjemand sie ernst nimmt, es daher also auch niemals Anlass zur Beschwerde gibt. Ich fand diese englische Planlosigkeit so schwer zu ertragen, dass ich in den fast sieben Jahren Oxbridge nur insgesamt dreimal einen Nahverkehrsbus genommen habe. Als Deutschsozialisierter laufe ich lieber 40 Minuten, als 20 Minuten an der Haltestelle zu stehen und mich zu fragen, ob der Bus eigentlich noch kommt.

Fernverkehr ist da kaum besser. Die Zugpreise sind ähnlich flexibel wie die Reisepläne. Manchmal kostet die Reise Oxford–London 3 £ und manchmal 30 £. Meine englischen Freunde hatten da den Durchblick und sind immer nur *off-peak* – also zur günstigeren Nebenreisezeit – gefahren. Ich habe es meistens geschafft, genau so zu buchen, dass ich mich dumm und dämlich zahle. Immerhin verkünden die Züge minutengenau eine Abfahrtszeit – an die sich kein Zug jemals hält. Gut, die Deutsche Bahn fährt auch nicht immer genau zur beworbenen Zeit. Der Unterschied ist aber, dass, wenn sich ein DB-Zug verspätet, einem dies mitgeteilt wird mit Durchsagen oder an Tafeln. In England habe ich es noch nie erlebt, dass eine Verspätung unter 15 Minuten auch nur erwähnt wird. Und auch bei deutlich längeren Verspätungen ist eine Mitteilung optional. Als meine Familie, die mir meine Beschreibungen des englischen Fernverkehrs nie ganz geglaubt hat, mich das letzte Mal in Oxford besuchte, fiel der Zug gleich komplett aus, und das ohne irgendeine Mitteilung oder Erklärung. Es war ein persönlicher Triumph.

Am schlimmsten aber hat mich der britische Fernverkehr auf dem Weg zum Flughafen getroffen. Hier gibt es Verbindungen, die ziemlich gut funktionieren: Cambridge–Stansted zum Beispiel oder Oxford–Heathrow. Es gibt aber auch Verbindungen, die man nur auf eigene Gefahr bucht. Leider wusste ich das nicht, bevor ich das erste Mal Oxford–Stansted und Oxford–Gatwick gebucht habe. Nach Stansted fährt kein Zug, nur ein Fernbus. Die Strecke ist knapp 170 km lang und Google Maps behauptet, man bräuchte mit dem Auto 1:37 Stunden. National Express bietet Busfahrten von einer Länge zwischen 3:15 und 4:30, je nach Uhrzeit. Als englanderfahrener und ziemlich paranoider Mensch plante ich zusätzlich zum schnellsten Bus einen Puffer von vier Stunden ein. Ich ging also davon aus, dass die 167 km lange Fahrt 7:15 Stunden dauern würde – und verpasste den Flieger. Warum, kann ich gar nicht wirklich sagen. Es war eine Mischung aus der schieren Menge von Kreisverkehren, in denen der Busfahrer auf Schrittgeschwindigkeit runterbremsen musste – Briten lieben Kreisverkehre und verteilen sie in 500-Meter-Intervallen auch auf Landstraßen –, und einer durch Nieselregen hervorgerufenen Dauerüberschwemmung.

Diese Busfahrt gehört bis heute zu den schlimmsten acht Stunden meines Lebens. Nach den ersten 30 Minuten verstand ich, dass ich den Flieger so nicht bekommen würde und dass ich trotzdem in diesem Bus gefangen war. Den Rest der Fahrt nutzte ich dafür, die fünf Phasen der Trauer zu durchlaufen – Verdrängung, Wut, Verhandeln, Traurigkeit und schließlich, in der letzten halben Stunde: Akzeptanz. Das Schlimmste war aber, dass, während ich wütend wurde, versuchte den Busfahrer zum Schnellerfahren zu bestechen und nach gut sechs Stunden anfing vor Verzweiflung zu weinen, die Briten um mich herum keine Miene verzogen. Auch wenn sie alle wie ich ihre Flieger verpassten, war keiner bereit, irgendeine Verstimmung zu äußern. Auf meine Frage, ob es ihn denn gar nicht aufregte, sagte mein Sitznachbar seelenruhig, dass ja niemand was dafür konnte. Ich sah das anders: Ich konnte mich über die Straßenplaner mit ihrem Hang zu unnötigen Kreisverkehren aufregen, über die britische Unfähigkeit, Abflüsse so zu bauen, dass die Straßen nicht bei drei Tropfen Regen überflutet sind, über National Express, weil sie einen vorher nicht warnen, dass es ziemlich grundlos mehr als doppelt so lange dauern kann.

Bei dieser Fahrt beschloss ich, nie wieder mit dem Bus zum Flughafen zu fahren. Als ich beim nächsten Mal also nicht mit dem Bus nach Stansted, sondern mit dem Zug nach Gatwick fuhr, staunte ich nicht schlecht, als ich auch diesen Flieger, trotz über drei Stunden Puffer, verpasste. Diesmal war es ein »Brand auf den Schienen« – Sachen gibt's –, der nach einer Stunde Stillstand immerhin durchgesagt wurde. Irgendwann fuhr der Zug dann weiter, um in einem Kaff kurz vor Gatwick endgültig stehen zu bleiben. Schienenersatzverkehr gab es natürlich keinen. Ich zahlte mit drei Engländern zusammen über 100 £ an einen schlauen Taxifahrer, der uns zum Flughafen brachte und uns dabei erzählte, dass hier die Schienen andauernd brennen würden und dass er seinen größten Umsatz damit macht, verzweifelt Gestrandete zum Flughafen zu fahren.

Wieder war ich die Einzige, die sich aufregte. Die Engländer beschwerten sich weder beim Taxifahrer, der deutlich mehr Geld nahm, als die 20 Minuten Fahrt wert waren, noch bei den Zugbetreibern. Sie gaben sich einfach hin, mehr noch, sie schienen erst in dieser aussichtslosen Situation ihre ganz eigene Würde zu entfalten. Während ich mich hilflos und von der Welt betrogen fühlte und nur noch wütend vor mich hin wimmerte, lächelten sie entschlossen, nicht unbedingt glücklich, aber mit einer erhabenen Noblesse, als läge in der Fähigkeit, zu ertragen,

eine moralische Überlegenheit über mich und die Wirrungen des Schicksals. In diesem Moment, als die drei
Briten immer näher zueinanderrückten und Superiori-
tät verstrahlten, fühlte ich mich, wutschnaubend auf dem
Vordersitz, fremder denn je.

Einige Monate später erzählte ich beim Tee einem Professor, mit dem ich mich angefreundet hatte, von meinen
Beobachtungen aus Bus und Bahn. Der Professor lernte
Deutsch und unterhielt sich gerne mit mir über die kultu-
rellen Unterschiede. Nachdem ich mich eine Weile über
den britischen Fatalismus aufgeregt hatte, unterbrach er
mich irgendwann: »In Wirklichkeit ist es ja eure Schuld!«,
stellte er fest.

»Wie bitte?«, fragte ich schockiert.

»The War«, sagte er bedeutungsschwanger. – »Der
Krieg.« Dass ich trotz meiner jüdischen Wurzeln in England regelmäßig für den Zweiten Weltkrieg verantwortlich gemacht wurde und dass die Engländer auch heute
noch von beiden Weltkriegen besessen sind, auf eine Art,
die für Deutsche kaum nachzuvollziehen ist, daran hatte
ich mich längst gewöhnt. Nur den Zusammenhang zwischen Zug-Wut und Weltkrieg, den begriff ich nicht.

»Unsere kulturelle Identität ist vom Blitzkrieg und von
der Rationierung geprägt. Noch in den 8oern hat Thatcher damit Wahlen gewonnen, dass sie an unsere Kriegsmentalität appelliert hat.«

Erst war mir sein Argument unverständlich. Er hielt
vor allem die Erfahrung der Nahrungsrationierung für
prägend – eine Erfahrung, die die Deutschen ja teilten,

ohne sich davon vom Schimpfen in Zügen abhalten zu lassen. Doch nach einer Zeit begriff ich die Unterschiede, die für den Professor, der die Nachkriegszeit ja erlebt hatte, auf der Hand lagen.

Sowohl in Deutschland als auch im Vereinigten König-reich war Essen bis zum Ende der 1940er-Jahre – also noch lange nach dem Krieg – stark rationiert. Der Unterschied ist aber, dass die Nahrungszufuhr in Deutschland von den Alliierten oft mutwillig gering gehalten wurde, um die Deutschen zu schwächen und so an einem Aufstands-versuch zu hindern. Nahrungsmangel hatte also eine de-moralisierende Wirkung. Auch in Großbritannien wurde streng rationiert, allerdings von der eigenen Regierung, um die Bevölkerung insgesamt zu stärken. Vor allem Män-ner bekamen weniger, damit schwangere Frauen und Kin-der mehr bekommen konnten. Während also ein Deut-scher die Rationen beklagen konnte und sich damit gegen eine Fremdherrschaft aufbäumte, konnte sich ein Englän-der nicht beschweren, ohne dadurch eine Art Verrat am eigenen Volk auszuüben. Wer sich über die Rationen auf-regte, der stellte sich nicht gegen (empfundene) Unter-drückung, sondern eben gegen die eigenen Frauen, Kin-der und das Vaterland. Den Hunger und die Kälte ohne eine Klage zu ertragen, das war es, was den echten Mann und den echten Briten ausmachte. Durch diese gleich-mütige Opferbereitschaft hatte man, wie Churchill es nannte, »den Sieg verdient«. Während die Deutschen ihre Gemeinschaft nach dem Krieg also entweder im Schimp-fen auf die Alliierten oder im Wissen, dass man Hitler

nicht einfach hätte schweigend ertragen sollen, wieder-
fanden, fanden die Briten ihre Gemeinschaft eben genau
im stillen Erdulden. Diese Erfahrung prägte nicht nur
die, die den Krieg überlebt hatten. Sie wurde als Grund-
tugend an die Kinder und Kindeskinder weitergegeben
in pädagogischen Floskeln wie »mustn't grumble« – also:
»man darf nicht grummeln« – und »stiff upper lip«. Man
findet sie überall in der britischen Popkultur, die so vom
patriotischen Dulden des Blitzkriegs besessen ist wie das
deutsche Fernsehen von der Kollektivschuld der Mit-
läufer und dem Wert des Widerstands.

Auf eine gewisse Weise bewundere ich diesen britischen Stoizismus natürlich. Seien wir ehrlich, einen ver-
späteten Zug schweigend hinzunehmen ist natürlich viel
würdevoller, viel rationaler als dieses peinlich kleinkind-
hafte Gejammer, das uns Deutsche eigentlich schon in
dem Moment erfasst, in dem wir ein Bahnticket erwerben.
Natürlich gibt es Umstände im Leben – das Wetter, eine
Erkältung, einen »Personenschaden« auf den Schienen –,
die man besser stillschweigend erträgt, als wütend zu lamentieren oder Schaffner zur Schnecke zu machen.

Aber während diese Duldsamkeit für die Würde des
Einzelnen nur von Vorteil ist, ist sie für einen Staat in
Friedenszeit ein großes Problem. Die Statistiken zum
Fernverkehr zeigen es: Die Deutsche Bahn ist zwar pünkt-
licher als die englischen Züge, trotzdem geben Engländer
an, im Großen und Ganzen mit den Zügen zufrieden zu
sein – und deutlich zufriedener als deutsche Bahnfahrer.
Während die Deutsche Bahn also um jede Minute Pünkt-

lichkeit kämpfen muss, um ihre hysterischen Passagiere zu befrieden, kann es den englischen Schienenbetreibern vollkommen egal sein, ob sie jetzt zehn oder 40 Minuten zu spät sind.

Das Problem geht natürlich weit über den Fernverkehr hinaus. Die gesamte miserable Infrastruktur Englands – in Schottland scheint es übrigens besser zu sein – lässt sich auch so erklären: Es fehlen schlicht und ergreifend die Wutbürger, die sich aufregen, wenn bei Nieselregen die Straßen überschwemmt werden, wenn die Fenster nicht schließen, die Heizungen streiken, die Post nie ankommt oder die Sozialleistungen gestrichen werden. Genauso wie sich auch die exorbitanten Studiengebühren dadurch erklären lassen, dass die vollkommen hysterischen Schüler und Studenten, die die Einführung von Studiengebühren in Deutschland vereitelten – heute bin ich stolz, zu dieser Gruppe gehört zu haben –, in England größtenteils fehlten. Sodass die Gebühren sich seit ihrer Einführung vor ungefähr 15 Jahren verneunfachen konnten. Tendenz steigend. Zu viele Briten halten es einfach für ihre patriotische Pflicht, stillschweigend zu ertragen, wie sich ihr Staat in den Abgrund wirtschaftet.

Aus dieser Ohnmacht des englischen Patrioten gibt es nur einen logischen Ausweg: Europa. Wenn diejenigen, die für den zunehmenden Verfall verantwortlich sind, nicht etwa Briten, sondern Kontinentaleuropäer sind – idealerweise die Deutschen –, dann hört Widerstand auf, Vaterlandsverrat zu sein, und lässt sich in die alte Kriegsmentalität integrieren. Es ist also kaum überraschend, dass die Argumente für den Brexit rhetorisch immer wieder an den Zweiten Weltkrieg anknüpfen. Neben dem Versprechen, dass nach dem Brexit alles besser werden würde, stand immer auch das Versprechen, dass man eine Verschlechterung aushalten würde. »Wenn unser öffentlicher Dienst mit dem Zweiten Weltkrieg klargekommen ist, dann kommt er auch leicht mit dem Brexit klar«, hieß es vonseiten eines Brexiteers. Oder: »Mein Vater ließ sich nicht von einem Deutschen tyrannisieren und sein Sohn wird das auch nicht tun.« Lange bevor er Premier wurde, beschrieb Boris Johnson die EU einfach als Hitler »mit anderen Methoden« und inszenierte sich und seinen Brexit als Churchills Widerstand gegen Nazideutschland.

Zu denken, wie es einige EU-Politiker zu tun schienen, man könne die Brexiteers abschrecken, indem man ihnen vor Augen führt, wie miserabel ihre Lebensqualität im Falle eines No-Deals aussehen werde, war also vollkommen sinnlos. Viele Brexiteers wussten, dass es schlimm wird. So, wie der Krieg schlimm war. Aber genauso wussten sie, dass sie es ertragen würden – stillschweigend, gemeinsam, mit dem Gedanken an England und einer steifen Oberlippe.

THE DRUGS WORK:
IN OXBRIDGES KÖPFEN

Z um unausgesprochenen Ethos von Oxbridge gehört der Gedanke, wahrscheinlich gespeist durch die Privatschulen, dass ein gesunder Geist in einem gesunden Körper wohnt – »mens sana in corpore sano« *and whatnot*. Die wichtigste Sportart ist natürlich das Rudern – das jährliche Rennen Cambridge gegen Oxford hat ungefähr den gleichen Stellenwert wie die Fußball-WM in Deutschland. Aber auch tausend andere Sportarten werden hier zelebriert, von Staffellaufen bis Tontaubenschießen, Freeclimbing bis Quidditch. Also trieb auch ich, zum ersten Mal in meinem sofaliebenden Leben, regelmäßig Sport. Erst Fußball für die Mannschaft von St. John's, dann probierte ich Karate, später ging ich laufen und machte Yoga. Dass ich mich dabei des Öfteren verletzte, überraschte mich nicht weiter. Ich war ja nicht auf eine britische Privatschule, sondern auf ein deutsches Gymnasium gegangen und glaubte daher nicht an den »corpore sano«-Mist, dafür aber an »Sport ist Mord«. Was mich allerdings durchaus überraschte, war, wie die englischen Ärzte mit meinen Sportverletzungen umgingen.

Als ich mir bei einem meiner ersten Fußballspiele das Knie verletzte, humpelte ich eigentlich ganz frohen Mutes zum College-Arzt. Ich dachte, dass ich wohl eine Bandage oder eine Krücke bekommen würde. Nachdem sich die Ärztin den Unfallhergang hatte beschreiben lassen und sich mein geschwollenes Knie genau angeguckt hatte, schaute sie mich sehr freundlich an und stellte mir schließlich eine Frage, die ich im Laufe meines Englandaufenthalts noch öfter hören würde: »Haben Sie schon mal über Antidepressiva nachgedacht?«

Das hatte ich tatsächlich nicht. Ich verstand auch den Zusammenhang zwischen einem verdrehten Knie und einer Happy-Pill nur sehr bedingt. Ich bat die Ärztin also, mir einfach eine Krücke zu geben, und humpelte verwundert davon. Als ich einige Monate später aufgrund des dauerhaften Zugs und der mangelnden Wärmeisolation eine ziemlich fiese Blasenentzündung bekam, suchte ich einen anderen Arzt auf. Das Resultat blieb das Gleiche: Antibiotika wollte man mir nicht geben, Psychopharmaka schon.

In Deutschland hat mir bis heute noch nie ein Arzt irgendwelche Psychopharmaka angeboten. In Oxbridge tat das – früher oder später – jeder Arzt. Dabei war es egal, ob ich wegen Migräne, Sportverletzungen oder Magenschmerzen kam. Antidepressiva schienen immer die richtige Antwort. Mich belastete das zunehmend. Ich kam mir ja gar nicht depressiv vor. Ja, natürlich, ich habe eine gewisse Neigung zu morbiden Gedanken, die vielleicht manchmal pathologisch wirken kann, aber die hielt ich schon immer eher für realistisch als depressiv – es stimmt ja einfach, dass wir mit an Sicherheit grenzender Wahrscheinlichkeit alle sterben werden, genauso wie es stimmt, dass es überall auf der Welt schreckliches Elend gibt. Und wer sich anschauen kann, wie wir mit Meeren, Wald und Tieren umgehen, ohne darüber zu verzweifeln, der hat die Sache nicht verstanden. Abgesehen von diesen trüben Gedanken war ich meiner Meinung nach aber doch meist recht gut gelaunt, erledigte meine Aufgaben, machte Sport, pflegte soziale Kontakte. Aus meiner eigenen Einschätzung heraus erfüllte ich die Kriterien einer psychischen Krankheit nicht. Und trotzdem, wieder und wieder wurden mir Antidepressiva ans Herz gelegt. War ich so gut darin zu verdrängen, dass ich nicht mal merkte, wie depressiv ich war? War ich therapieresistent?

Der Gedanke machte mich richtig fertig. Ich traute mich gar nicht mehr zum Arzt zu gehen und überprüfte fast zwanghaft meinen Gemütszustand – was selbigen übrigens selten verbesserte. Bis ich eines Abends im Gemeinschaftsraum sah, wie eine britische Freundin eine Tablettenbox rausnahm. So eine mit beschrifteten Fächern für jeden Tag, wie ich sie nur von richtig alten Menschen kannte.

»Darf ich fragen, was du hast?«, sagte ich vorsichtig, während ich ihr zusah, wie sie recht vergnügt eine Pille nach der anderen einwarf.

»Oh, nichts weiter«, antwortete sie und zählte dann die vielen langen Namen der Psychopharmaka auf, die sie bereits genommen hatte: Citalopram, Mirtazapin, Amitriptylin. Für mich klangen sie exotisch und irgendwie gefährlich, wie alttestamentarische Dämonen – im Namen des Herrn, verbannt seist du, Mirtazapin – oder wie Drogen, was sie ja im Grunde auch sind. Im Englischen allemal, wo auch legale Medikamente als *drugs* bezeichnet werden. Auf die Tablettennamen nickten meine britischen Freunde, als unterhielte man sich über Backwaren. Und tauschten bald ihre Erfahrungen aus über die verschiedenen Wirksamkeiten oder darüber, welches Mittel den wohlschmeckendsten Überzug hat. Da die Freundin mit der Pillenbox zum einen eine Naturwissenschaftlerin und zum anderen in allen Belangen des Lebens sehr offen ist – dass Briten nicht über Privates reden, ist ein Klischee, welches ich nicht bestätigen kann –, erklärte sie mir die verschiedenen Einsatzgebiete ihrer Medikamente. Während einige ihr gegen Panik und Depression helfen sollten, nahm sie die meisten tatsächlich nicht aus psychischen Gründen. Seitdem weiß ich, dass sich Hefepilze im Intimbereich bestens mit Psychopharmaka behandeln lassen. Man lernt nie aus.

Aber auch wenn es so ist, dass in Oxbridge physische Leiden gerne mal mit Psychopharmaka behandelt werden, nahmen die meisten meiner englischen Freunde ihre Psychopharmaka tatsächlich auch für die Psyche. Irgendwas hatten dabei fast alle. Eine gute Freundin begann gegen Ende der Promotion eine Zwangsstörung zu medikamentieren, um nicht den ganzen Tag darüber nachdenken zu müssen, ob sie den Backofen ausgemacht hatte, oder immer wieder kontrollieren zu müssen, ob die

Wohnungstür auch abgeschlossen war. Ein guter Freund hatte eine Angststörung, wegen der er keine öffentlichen Verkehrsmittel benutzen konnte, weil er fürchtete, keine Toilette zu finden, falls er mal musste. Mein engster Freund in Cambridge nahm erst ein Mittel gegen Depressionen, dann ein zusätzliches gegen Panikattacken und, als das nichts half, dazu noch ab und an eine Valium. Aber auch Menschen mit weniger spektakulären Leiden erzählten mir früher oder später von ihren Psychopharmaka. Irgendwas nahmen fast alle.

Für mich war diese Feststellung zu gleichen Teilen beruhigend und befremdlich. Beruhigend, weil ich mich nicht mehr fragen musste, ob mit mir was nicht stimmte: Schlimmstenfalls war ich auch nur so verrückt wie alle anderen. Genau genommen war ja meine Überzeugung, dass ich zwar durchaus nachdenklich, aber nicht psychisch krank war, das, was mich von den Engländern trennte. Angesichts des Pillenkonsums meiner Freunde wäre mein Grad an Normalität nur gestiegen, hätte auch ich begonnen, Psychopharmaka zu nehmen.

Gleichzeitig war diese schöne neue Normalität für mich auch zutiefst besorgniserregend. In Deutschland kannte ich zu diesem Zeitpunkt niemanden, der Psychopharmaka nahm. Ich hatte zwar Freunde und Bekannte, die mithilfe eines Therapeuten oder Psychologen an ihrer geistigen Gesundheit arbeiteten und darüber auch gerne redeten – Gespräche also am liebsten mit den Worten »Mein Therapeut sagt ja« einleiten –, aber Menschen, die tatsächlich Medikamente nahmen, kannte ich keine. In meiner Vorstellung waren Medikamente der letzte Ausweg. Wenn man schon monatelang auf der Couch gelegen hat und keinen anderen Rat mehr weiß, dann nimmt man Psychopharmaka. Wenn meine englischen Freunde mir also ihren Pillenkonsum offenlegten, dann empfand ich das erst mal als einen Schrei nach Hilfe, als Ausdruck absoluter Ausweglosigkeit. Gleichzeitig wirkten die, die da die Pillen einwarfen, auch nicht verzweifelter als alle anderen. Und reagierten auf meine tollpatschigen Versuche, zu helfen, amüsiert bis aggressiv.

Heute weiß ich, dass sich die Knoten in meinem Kopf durch das Aufeinandertreffen zweier Kulturen erklären lassen: In Deutschland sind Psychopharmaka stark stigmatisiert. Fast 80 % der Deutschen denken, dass Psychopharmaka eine persönlichkeitsändernde Wirkung hätten, dass sie den, der sie nimmt, in eine Art dauerlächelnden, hirntoten Zombie verwandeln. Ich bin dazu sozialisiert worden, den Konsum von Psychopharmaka für eine furchtbar schlechte Idee zu halten, der man nur im allergrößten Notfall nachgibt. Und weil Psychopharmaka in Deutschland einen so schlechten Ruf genießen, sind die wenigsten Deutschen bereit, es zuzugeben, wenn sie welche nehmen. In den letzten zehn Jahren hat sich das ein bisschen geändert und auch Deutsche sind mittlerweile eher gewillt, über ihre Medikamente zu reden. In meiner Jugend, bevor ich nach England ging, war das anders. Falls ich also in Deutschland jemanden gekannt habe, der was nahm, war mir das zumindest nicht bewusst. Psychopharmaka waren damals für mich der Stoff von Hollywoodfilmen und Albträumen.

Im Vereinigten Königreich, speziell in Oxbridge, sind Psychopharmaka deutlich weniger stigmatisiert. Es wird und wurde sehr viel Geld und Aufwand investiert, »mental health« – also die geistige Gesundheit – als etwas darzustellen, was gepflegt werden muss, genau wie die körperliche Gesundheit. Während in Deutschland der Konsum von Tabletten als Problem gesehen wird, wird in dem Teil Englands, den ich kenne, vor allem die Stigmatisierung dieses Konsums als Problem gesehen. Ein Satz, der mir immer wieder begegnete, ist: Wenn du nicht hinterfragen würdest, warum jemand Kopfschmerztabletten nimmt oder eine Chemotherapie macht, wieso hinterfragst du dann, wenn jemand Antidepressiva nimmt? Der englische Diskurs zum Thema Psychopharmaka wird von dem Gedanken bestimmt, dass psychische Krankheiten eben Krankheiten sind und daher genauso behandelt werden müssen wie alle anderen Krankheiten auch.

Für einen Deutschen wirkt die Oxbridger Beschäftigung mit der geistigen Gesundheit beinahe obsessiv. Vom Tag der Immatrikulation an bekommt jeder Student einen *Tutor* – anders als in Deutschland ist die Rolle des Tutors aber nicht akademisch, sondern ausschließlich seelsorgerisch. Da die meisten Colleges ziemlich kirchlich sind – Somerville ist eine Ausnahme –, findet sich im Regelfall auch immer ein College-Priester, der einen bei jeder Gelegenheit darauf hinweist, dass seine Tür immer offen ist. Zusätzlich gibt es noch *Deans* und *Junior*

Deans, das sind College-Angestellte, deren Aufgaben-
bereich Disziplin und Seelsorge umfasst. Die meisten
Colleges haben noch dazu spezielle *welfare officer,* das
sind studentische Vertreter, die sich um das Wohl ihrer
Kommilitonen sorgen. Als ich Teil des *welfare*-Teams war,
veranstalteten wir wöchentliche *welfare*-Teas, bei denen
Kuchen gegessen und Probleme gewälzt wurden. Wir
verteilten Kondome und Tampons. Und ab und an be-
rieten wir nachts weinende Studenten, die fürchteten,
Krebs zu haben, schwanger zu sein oder dass sich der Ex
etwas antun würde.

Neben diesen ganzen Institutionen und Positionen
wird man permanent mit einer Reihe von Veranstaltungen
bombardiert, die alle das Ziel haben, die geistige Gesundheit zu verbessern. In meinem College gab es Yoga-Kurse,
Achtsamkeitskurse, Massagekurse, Meditationskurse und
Besuche von Therapiehunden. Da ich, seitdem ich mit
fünf von einem Schäferhund gebissen wurde, panische
Angst vor Hunden habe, waren Letztere meiner geistigen Gesundheit nur sehr bedingt zuträglich. Die anderen
fanden es aber enorm therapeutisch. Und falls das alles
nichts hilft, steht ja an jeder Straßenecke ein Arzt und
flüstert: »Hey, willst du Antidepressiva?«

Wer es, wie ich, von deutschen Unis gewöhnt ist, dass
sich kein Mensch für die seelische Gesundheit von Studenten interessiert, der fragt sich in Oxbridge erst mal,
was die denn alle haben. Und natürlich gibt es auf diese
Frage viele gute Antworten. Die offensichtliche Sorge, die
Oxbridge um das geistige Wohl der Studenten hat, ergibt

durchaus Sinn. Denn die Rolle, die Oxbridge in Bezug auf die Studenten einnimmt, ist einfach eine andere als die der deutschen Universitäten. Als ich in Deutschland zu studieren begann, waren ich und meine Kommilitonen deutlich volljährig. Wir waren 13 Jahre zur Schule gegangen und viele von uns hatten danach noch ein Jahr »was anderes« gemacht. Der durchschnittliche Oxbridge-Anfänger war aber nur zwölf Jahre zur Schule gegangen und viele waren beim Studienbeginn noch nicht volljährig. Die Rolle der Universität war also in einer gewissen Weise »elterlicher«, als das in Deutschland der Fall war – wobei sich Deutschland in den letzten Jahren ja auch in diese Richtung entwickelt. Hinzu kommt, dass Oxbridge auf einem College-System aufbaut, bei dem Studenten nicht nur in der Uni studieren, sondern eben auch da wohnen, womit die Verantwortung der Universität natürlich deutlich wächst. Der durchschnittliche Studienanfänger ist also jemand, der als Minderjähriger zum ersten Mal von zu Hause weggezogen ist und jetzt sehr schnell ganz viele neue Verantwortungen hat. Gleichzeitig sind die Anforderungen enorm hoch, sodass die Studenten eigentlich Tag und Nacht arbeiten müssen. Und wenn sie nicht arbeiten, machen sie Party – Schlaf bleibt auf der Strecke. Wenn man dazu noch bedenkt, dass die Art Mensch, die nach Oxford geht, wahrscheinlich ein hohes Maß an Ehrgeiz hat, mit Niederlagen nur schlecht umgehen kann und wahrscheinlich am Hochstapler-Syndrom leidet, dann hat man einen perfekten Sturm der psychischen Leiden. Eine der Aufgaben, die Oxbridge also permanent bewältigen muss, ist, wie man eine auf engstem Raum zusammengepferchte Horde vollkommen überforderter, übermüdeter, überarbeiteter 17-Jähriger mit Egos wie überdehnte Seifenblasen daran hindert, sich umzubringen.

Trotzdem wäre es falsch zu denken, dass es sich bei dem aus deutscher Perspektive gesteigerten Psychopharmaka-Konsum in Oxbridge um eine lokale Besonderheit handelt. Tatsächlich ist es vor allem eine gesellschaftliche Andersartigkeit. Im internationalen Ranking der Länder mit dem höchsten Psychopharmaka-Konsum steht England in der Regel zwischen Platz drei und fünf. Engländer nehmen einfach objektiv deutlich mehr Psychopharmaka als wir. Sie nehmen sie früher und länger. Und sie bekommen sie deutlich leichter. Wenn in Deutschland ein Arzt vermutet, ein Patient habe ein psychisches Problem, dann empfiehlt er meistens eine Gesprächstherapie oder einen anderen Spezialisten – schickt den Patienten also zu einem Psychologen oder Therapeuten. In England verschreibt der Allgemeinarzt direkt Psychopharmaka. Gesprächstherapie gibt es dort eigentlich nicht.

Wäre ich nicht deutsch geprägt und deswegen erst mal sehr irritiert, wenn ein Arzt mir Antidepressiva verschreibt, hätte ich eines der unzähligen Rezepte, welche mir im Laufe der Jahre angeboten wurden, bestimmt angenommen. Es waren tatsächlich meine Vorurteile, die mich davon abhielten. Etwas Deutsches in mir verweigerte sich, Psychotabletten mit der gleichen Selbstverständlichkeit zu nehmen, mit der ich »normale« Medikamente akzeptierte.

Ob ich damit jetzt recht oder unrecht hatte, kann ich nicht sagen. Was ich aber weiß, ist, dass bei gleichem Befinden ein Engländer viel wahrscheinlicher Psychopharmaka nimmt als ein Deutscher. Das bedeutet, ein Engländer, der Psychopharmaka nimmt, ist nicht unbedingt »kränker« als ein Deutscher, der sie nicht nimmt. Er ist einfach Engländer. Meine englischen Freunde hatten sicherlich psychische Probleme, aber wer hat die nicht? Die Grenzen zwischen schlechter Laune und Depression, zwischen berechtigter Angst und Panikstörung sind kaum besser zu wahren als die Grenzen der Eurozone.

Für mich hatte die Erkenntnis dieses deutsch-englischen Kulturunterschieds einen großen Vorteil: Anstatt mich fragen zu müssen, ob ich etwas nehmen sollte, fragte ich mich bald, was, wie viel und warum meine englischen Freunde schluckten. Meine Arztgespräche verunsicherten mich nicht mehr, sondern wurden selbst das, was ein Auslandsstudium ja im besten Fall ist: ein Kulturaustausch. In einem dieser Austauschgespräche stellte ich meinem *GP – General Practitioner,* im Deutschen also der Hausarzt – dann endlich die offensichtliche Frage: »Warum verschreiben englische Ärzte so oft Antidepressiva?«

Die Antwort kam wie aus der Pistole geschossen und war nicht minder offensichtlich: »Because drugs work« – weil Medikamente funktionieren.

»Ja, gut«, antwortete ich, »aber Antidepressiva müssten ja dann auch in Deutschland funktionieren und deutsche Ärzte wollen ja auch verschreiben, was funktioniert.«

»Yes and no«, meinte sie und lächelte mich dabei wissend an. »Der Unterschied«, sagte sie mit erkennbarem Stolz in der Stimme, »ist der *NHS*.«

Der *NHS*, also der *National Health Service*, bezeichnet das staatliche Gesundheitssystem des Vereinigten Königreichs. Gegründet wurde der *NHS* 1948 von der Labour-Regierung als eine der wichtigsten sozialen Reformen der Nachkriegszeit. Was den *NHS* von deutschen Krankenkassen unterscheidet, ist, dass er nicht von individuellen Beiträgen, sondern von Steuergeldern finanziert wird. Wer in England lebt, ist automatisch, ohne dafür gesondert zu bezahlen, versichert. Wer zu wenig verdient, um Steuern zahlen zu müssen – Studenten, Rentner, Arbeitslose –, bekommt die Leistungen umsonst. Es gibt zwar theoretisch auch irgendwelche privaten Versicherungen, praktisch ist aber jeder Engländer *NHS*-versichert. Der *NHS* hat also eigentlich keine Konkurrenz und, im Grunde genommen, nur einen einzigen Kunden: den englischen Staat. Deutsche Krankenkassen – privat oder gesetzlich – haben viele Konkurrenten und viele Kunden, einzelne Bürger, die sie individuell anwerben und halten müssen.

Dieser Unterschied im Gesundheitssystem bedeutet, dass englische Ärzte tatsächlich nur das verschreiben können, wovon in medizinischen Studien nachgewiesen wurde, dass es funktioniert. Für den Rest zahlt der *NHS* nicht. Das kann er auch nicht, denn dafür reichen die Steuergelder hinten und vorne nicht. Deutsche Ärzte wiederum sind nicht auf diese Art an wissenschaftliche Studien gebunden. Wenn die Kasse das zahlt und der Patient das will, dann können deutsche Ärzte auch Dinge verschreiben, die nachweislich weniger oder gar nicht wirksam sind. Und viele Kassen zahlen weniger Wirksames, weil sie sonst ihre Kunden an andere, großzügigere Kassen verlieren. Deutsche Ärzte verschreiben eher Homöopathie und Gesprächstherapie, englische Ärzte dagegen Psychopharmaka. Warum? Weil es funktioniert. Homöopathie funktioniert nachweislich nicht besser als ein Placebo – wobei man hier eingestehen muss, dass Placebos gerade bei psychischen Erkrankungen durchaus wirksam sein können –, deswegen kann ein englischer Arzt homöopathische Mittel nicht verschreiben. Ob Gesprächstherapie besser funktioniert als ein Placebo – also ein Gespräch mit jemandem, der das nicht studiert hat –, da sei man sich uneinig (meinte mein *GP*). Sicher sei, nach Meinung der Ärztin, dass Medikamente schneller und besser funktionieren. Noch sicherer, dass eine Gesprächstherapie extrem teuer ist – der Therapeut muss ja für jede Sitzung bezahlt werden –, während die Tabletten »for a few pence a pop« zu haben sind. Momentan suggeriere die Studienlage, dass unter den nicht pharmazeutischen Interventionen die Kognitive Verhaltenstherapie – auf Englisch *CBT (cognitive behavioural therapy)* – die größte nachweisbare Wirksamkeit zeige. Deswegen würde der *NHS* auch eher *CBT* bezahlen. Aber egal, ob *CBT* oder Gesprächstherapie, in Sachen Preis-Leistungs-Verhältnis sind Psychopharmaka einfach unschlagbar. Daher gilt im Vereinigten Königreich im Zweifelsfall: Psychopharmaka, und zwar meistens, ohne vorher einen weiteren (teuren) Spezialisten zurate zu ziehen.

Auch hier spielt Oxbridge wieder eine entscheidende Rolle. Nicht nur, weil die meisten Gesundheitsminister, also diejenigen, die in letzter Instanz das *NHS*-Budget beschließen, aus Oxbridge kommen. Sondern vor allem deshalb, weil viele der Studien, die als Entscheidungsgrundlage dienen, eben auch in Oxbridge durchgeführt – und interpretiert – werden. So kommt die bis dato größte Metastudie zur Wirksamkeit von Antidepressiva aus dem *Department for Psychiatry* in Oxford und zeigt, dass Psychopharmaka in der Behandlung von Depressionen nachweislich gut wirken und dass sie deutlich ressourcenschonender (also billiger) sind als nicht medikamentöse Therapien. John Geddes, der Fachbereichsleiter der Psychiatrie und einer der Forscher, die an der Studie beteiligt waren, stellte in einer großen Tageszeitung fest, dass auch in England nur jeder sechste unter Depressionen Leidende Antipedressiva nehmen würde und dass es das Ziel der Gesundheitspolitik sein müsse, dass jeder, der an Depressionen leidet, auch Medikamente bekäme: Die Menge der Briten, die Antidepressiva nehmen, soll also versechsfacht werden.

Wenn man, wie ich, viele Jahre in einem Land lebt, in dem man nicht aufgewachsen ist, dann lernt man zwei sich gegenseitig ausschließende Wahrheiten gleichzeitig zu sehen. Diese offensichtlichen Wahrheiten sind in Wirklichkeit kulturelle Prägungen – in meinem Fall die deutsche und die englische. Mit der Zeit sind beide so tief verankert, dass man sie nicht mehr hinterfragt, nicht mal erkennt, dass es nicht Wahrheiten, sondern Prägungen sind, bis man auf einmal plötzlich feststellt, dass sie sich gegenseitig ausschließen. Das Ergebnis ist ein intellektuelles Schielen, ein multiperspektivisches Hirnzerbrechen, bei dem man, anders als bei der bekannten optischen Täuschung, gleichzeitig Hase und Ente sieht und das Licht im gleichen Moment Teilchen und Welle ist.

So geht es mir in Bezug auf die Unterschiede zwischen dem englischen und dem deutschen Gesundheitssystem. Nach Jahren der englischen Spätsozialisierung halte ich, wie die meisten Briten, den *NHS* für eine der größten zivilisatorischen Leistungen des 20. Jahrhunderts. Dass es richtig ist, dass jeder Mensch automatisch versichert ist, steht für mich außer Frage. Dass das Gesundheitssystem von Steuern und nicht von Beiträgen finanziert werden sollte, ergibt zwingend Sinn. Und dass sich daraus ergibt, dass die Mittel immer auf die nachweisbar wirksamste Art und Weise eingesetzt werden müssen, auch. Dass es daher richtig ist, keinem Menschen Homöopathie zu finanzieren, damit man jedem Menschen im Ernstfall eine Chemotherapie finanzieren kann, folgt als einzig logische Konsequenz. Das ist gut so. Medizin sollte evidenzbasiert sein. Ein Gesundheitssystem sollte nicht in Dinge investieren, von denen nachgewiesen ist, dass sie nicht wirksam sind. Es sollte der größtmöglichen Menge an Menschen die größtmögliche Hilfe garantieren. Dass sich daraus logisch ergibt, dass man Menschen mit psychischen Leiden Psychopharmaka verschreiben sollte – und das im großen Stil –, leuchtet mir ein wie eine Wasserstoffbombe. Will heißen: Hier explodiert mein Hirn.

Und das, obwohl ich mittlerweile weiß, dass Antidepressiva und Co. Menschen nicht in Zombies verwandeln. Über die Jahre hat sich mein deutsches Vorurteil so ziemlich in Luft aufgelöst. In Wirklichkeit verändern die meisten Psychopharmaka die, die sie nehmen, für Außenstehende überhaupt nicht. Die meisten Menschen, die Antidepressiva nehmen, verändern sich entweder gar nicht – weil diese Medikamente, genau wie Kopfschmerztabletten, nicht immer wirken – oder sie verändern sich nicht so, dass einem anderen das auffällt. Menschen, die Antidepressiva nehmen, lächeln nicht dauerhaft, sie haben durchaus mal schlechte Laune, denken kritisch und können immer noch morbide Gedanken denken. Der Unterschied, den ich bei meinen Freunden feststellen konnte, war einer, den sie mir immer selber mitteilen mussten: »Ich kann jetzt wieder abends einschlafen, ohne von Angstgedanken wach gehalten zu werden«, »Ich habe wieder Antrieb, das Bett zu verlassen«, »Ich kann jetzt wieder reisen, ohne zwanghaft darüber nachzudenken, ob ich im Ernstfall eine Toilette finden werde«. Die Wirkung von Psychopharmaka, wenn sie denn wirken, findet im Kopf statt und in den kann man als Außenstehender nicht hineinsehen. Aus Beobachtung meiner Freunde kann ich aber schließen: the drugs work. Sie verwandeln Situationen, die als unerträglich empfunden werden, in solche, die sich ertragen lassen.

Und gleichzeitig haben sie natürlich Nebenwirkungen: Schweißausbrüche, verminderte Libido, schmerzhaft verlängerte Erektionen oder eine Unfähigkeit, einen Orgasmus zu erreichen. Außerdem ist das Absetzen solcher Medikamente teils sehr gefährlich, weil die Depression dann mit erhöhter Kraft zurückkehren kann. Gerade bei Jugendlichen können Antidepressiva die Suizidwahrscheinlichkeit sogar erhöhen.

Aber diese möglichen Nebenwirkungen, erschreckend wie sie sind, verursachen nur einen Teil meines inneren Zwiespalts. Was mich am meisten davon abhält, gemeinsam mit den Briten das Loblied auf Psychopharmaka zu singen, ist, dass psychische Leiden zwar in den Köpfen von Individuen stattfinden, die Ursachen aber in vielen Fällen gar nicht individuell sind. Denn zu den Faktoren einer Depression oder einer Angststörung gehören neben individueller Biologie eben auch Armut, Schulden und berufliche Unsicherheit. In Bezug auf die Studenten von Oxbridge ist es zwar richtig, dass die Anzahl an Depressionsfällen steigt, aber es steigen eben auch die Studienkosten und damit verbunden die Schulden. Gleichzeitig sinkt für viele Fächer die Jobsicherheit. Und in den Fächern, in denen die Jobsicherheit nicht sinkt, steigen die Arbeitsstunden und damit verbunden sinkt die Schlafzeit pro Nacht – ein weiterer Risikofaktor bei psychischen Erkrankungen.

Jetzt, wo die meisten meiner Freunde ihr Studium abgeschlossen haben, sind sie entweder in Kurzzeitverträgen an Universitäten oder sie arbeiten in London. Die an der Uni Beschäftigten sind umgeben von Hiobsbotschaften: Sie hören, wie ich das auch gehört habe, dass es für jede Stelle Tausende Bewerber gibt. Dass die Situation in der akademischen Welt sich beständig verschlechtert und dass feste Stellen immer seltener werden. Sie verdienen extrem wenig Geld, von dem sie ihre Studiengebühren im fünfstelligen Bereich früher oder später abbezahlen müssen. Gleichzeitig sind die Mieten hoch. Die, die jetzt in der City arbeiten, haben es kaum besser. Sie verdienen zwar in der Regel ein bisschen mehr, dafür werden von ihnen aber auch 60-Stunden-Wochen erwartet. Da die Londoner Immobilien zu großen Teilen einer Handvoll Superreichen gehören, man sich als normaler Mensch also niemals ein Haus wird kaufen können, und gleichzeitig die Mietpreise exorbitant sind, wohnen meine Freunde meistens in den Randgebieten in kleinen, überteuerten Wohnungen, die im Normalfall weit unter deutschen Standards sind. Wie der durchschnittliche Londoner pendeln sie ca. zwei Stunden täglich – was zu dem ohnehin hohen Arbeitspensum noch mal zehn Stunden die Woche addiert.

Die Situation des durchschnittlichen Oxbridge-Absolventen ist besser als die von Absolventen anderer englischer Universitäten. Trotzdem ist sie ziemlich erschreckend. Und sie ist in den letzten zehn Jahren dank wachsender Studiengebühren, steigender Mieten und sinkender Jobsicherheit immer schlechter geworden. All diese Umstände haben sich nach dem Brexit-Referendum nur verschlechtert und werden es auch weiter tun. Gleichzeitig ist die Anzahl der Depressiven oder Angstkranken gestiegen – genau wie der Psychopharmaka-Konsum. Denn: *the drugs work*. Sie verwandeln Situationen, die als unerträglich empfunden werden, in solche, die sich ertragen lassen.

Sie nehmen dem Staat damit aber auch den Druck, sich um die zugrunde liegenden Probleme zu kümmern. Dafür kann weder der *NHS* noch der individuelle Arzt etwas – vom Patienten ganz zu schweigen. Der *NHS* kann eine krank machende Welt nicht verändern, er kann nur mit den ihm zur Verfügung stehenden Mitteln auf die effizienteste Art auf Krankheiten reagieren. Aber dadurch wird er eben auch zum Instrument eines Staates, dessen finanzielles und politisches Interesse es ist, möglichst viele gesellschaftliche Missstände als individuelle Krankheiten zu deuten. Für die Sparsamkeitspolitik der konservativen Regierung sind Psychopharmaka ein Segen. Denn es ist deutlich günstiger, Tabletten zu streuen, als die Studienschulden abzuschaffen und somit der Verschuldung junger Menschen entgegenzuwirken. Oder bezahlbare Wohnungen zu fördern. Oder mehr Jobsicherheit zu ermöglichen. Damit ist die britische Psychopharmaka-Politik der verlängerte Arm des »stiff upper lip«-Denkens. Anstatt die Umstände zu verbessern, gehört es sich, sie schweigend auszuhalten. Wenn sie das nicht können, dann sollen sie halt Pillen fressen.

All das ändert überhaupt nichts daran, dass es Fälle gibt, in denen Psychopharmaka der einzige und richtige Weg sind, mit einer schweren Krankheit umzugehen. Dass sie Leben retten. Dass sie Leben erträglich machen. Dass es nicht schambehafteter sein sollte, Antidepressiva zu nehmen als Aspirin. Es heißt nur, dass Psychopharmaka nicht nur Individuen helfen, mit ihrer eigenen Situation zurechtzukommen, sondern dass sie eben gleichzeitig einem Staat helfen können, sich seiner sozialen Verantwortung zu entziehen.

THEY: GENDERN
AUF ENGLISCH

D arf ich dir eine indiskrete Frage stellen?«, fragte mich bei einer Tasse Tee jener Professor, der neuerdings intensiv Deutsch lernte.

»Klar, was willst du wissen?«, antwortete ich.

Der Professor beugte sich etwas näher an mich heran, schaute kurz zu den benachbarten Tischen hinüber, um sicherzustellen, dass uns niemand hören konnte, und flüsterte dann: »Stimmt es, dass man in Deutschland bei Berufen ein Morphem für Frauen anhängt?«

Ich stockte kurz, kramte mein Wissen aus der Einführung in die Linguistik hervor, wo ich gelernt hatte, dass ein Morphem die kleinste bedeutungstragende Einheit ist, also zum Beispiel die Art von Wortendung, die Vergangenheit, Plural oder eben Geschlecht anzeigt.

Bevor ich begriffen hatte, was er wissen wollte, stellte er die Frage noch mal anders: »Stimmt es, dass ihr im Deutschen Angela Merkel immer ›BundeskanzlerIN‹ nennt?«

Er sagte das Wort auf Deutsch und betonte dabei das Morphem »IN«.

»Ja«, antwortete ich. »Angela Merkel ist ›Bundeskanzle-rIN‹. Helmut Kohl war Bundeskanzler.«

»Aber machen denn da die Feministen gar nichts dagegen?«, fragte er erstaunt.

»Wie meinst du das?«, erwiderte ich.

»Na ja, machen die Feministen nichts gegen diesen Sexismus in der Sprache?«, erklärte er.

»Nein, was? Wie? Wieso das denn?«

Er schaute mich vollkommen verwirrt an. Ich schaute ebenso verwirrt zurück.

»Aber es ist doch sexistisch, wenn das Wort für Frauen, die einen Beruf ausüben, ein anderes ist!«, sagte er.

Ich schwieg und fühlte mich ein bisschen wie Alice, als sie zum ersten Mal begreift, dass sie jetzt definitiv nicht mehr in der normalen Welt ist, sondern irgendwo in einem merkwürdigen Wunderland, in dem immer alles andersrum ist, als es eigentlich sein sollte. Ich atmete tief durch, erinnerte mich daran, dass der Professor ja eine neue Sprache lernte und man mit Menschen, die Sprachen lernen, geduldig umgehen soll, und erläuterte ihm die Geschichte der geschlechtergerechten Sprache in Deutschland. Ich erklärte die Sache mit dem Plural, den Gender-Gaps und Gender-Sternchen und dass es vor allem um die Sichtbarmachung weiblicher Identität geht. Dass viele Menschen, wenn sie Berufsbezeichnungen hören, sofort das Bild eines Mannes im Kopf haben und dass wir in Deutschland weibliche Wortformen verwenden – gerade auch in Stellenausschreibungen oder offiziellen Texten –, um zu verdeutlichen, dass der Beruf auch von Frauen ausgeübt wird. Als ich meinen Monolog beendet hatte, versuchte er dann das Gelernte zusammenzufassen: »Es geht also darum, dass in Berufsbezeichnungen deutlich wird, dass sie auch von Frauen durchgeführt werden, weil die Vorstellung sonst die eines Mannes ist?«

Ich nickte.

»Also sprecht ihr von BundeskanzlerIN, damit sichtbar gemacht wird, dass sie eine Frau ist.«

Ich nickte wieder.

»Und habt ihr dann auch ein Morphem für schwarze, schwule oder jüdische Menschen?«

»Nein, natürlich nicht«, antwortete ich.

»Aber die Standardvorstellung ist doch die eines weißen, christlichen, heterosexuellen Mannes, wäre es dann nicht genauso wichtig, in einer Stellenausschreibung auch deutlich zu machen, dass es auch Jüdische, Schwarze und Schwule machen können? Wenn Frauen durch Morpheme sichtbar gemacht werden, warum dann nicht auch Juden?«

»Weil das antisemitisch wäre«, sagte ich, und noch bevor der Professor die nächste Frage stellen konnte, wusste ich, dass ich auf sie keine Antwort haben würde.

»Wie kann es richtig sein, Weiblichkeit in jeder Berufsbezeichnung als Morphem anzuzeigen, wenn es falsch wäre, Judentum, Hautfarbe, Orientierung, Gewicht oder eine Behinderung mit einem Morphem sichtbar zu machen?«

Ab diesem Zeitpunkt folgte ich dem weißen Kaninchen in eine andere Welt. Denn, das wurde mir schlagartig klar, die geschlechtergerechte Sprache, wie sie im

Deutschen praktiziert wird, ist vollkommen anders als die Geschlechtergerechtigkeit im Englischen und aus der Sicht vieler aufgeklärter, feministischer Engländer ist sie alles andere als gerecht. Aus der englischen Perspektive ist das »Gendern«, wie wir es in Deutschland betreiben und um das sich unsere Grabenkämpfe drehen, sexistisch, antiquiert und kein bisschen inklusiv.

Um diesen fundamentalen ideologischen Graben zu begreifen, muss man sich die Ähnlichkeiten und Unterschiede zwischen der deutschen und der englischen Sprache vor Augen führen. Auf der einen Seite ist das Englische eine weniger geschlechtliche Sprache als das Deutsche. Wo unsere Substantive drei sprachliche Geschlechter mit dazugehörigen Artikeln haben – der, die, das –, sind englische Substantive ungefähr seit dem 14. Jahrhundert, als sie ihre Geschlechtlichkeit verloren, neutral und haben nur einen einzigen neutralen Artikel, »the«. Gleichzeitig kennt natürlich auch das Englische einige geschlechtliche Personenbezeichnungen, zum Beispiel in Familienrelationen *(mother, father)*, in der Thronfolge *(King, Queen)* und auch bei einigen Berufen. Das englische Wort für Krankenschwester oder Amme *(nurse)* bezieht sich, zum Beispiel, auf die Fähigkeit, zu stillen *(to nurse)*, und ist damit weiblich markiert. Außerdem hat das Englische, wie das Deutsche, Morpheme, mit denen es Weiblichkeit in Berufsbezeichnungen anzeigen kann, nämlich vor allem die Endung -ess, wie zum Beispiel in *actor/actress, master/mistress* oder *poet/poetess.* Kurzum: Das Englische hat, wie das Deutsche, die Möglichkeit, das weibliche Geschlecht sprachlich in Berufsbezeichnungen anzuzeigen. Diese Möglichkeit ist aber nicht annähernd so weit verbreitet oder grammatikalisch verwurzelt, wie es im Deutschen der Fall ist.

Solange Frauen aus dem Berufsleben größtenteils gesetzlich oder zumindest gesellschaftlich verbannt waren, waren diese sprachlichen Unterschiede im Prinzip egal. Wenn Frauen nicht Bäcker, Professor oder Mechaniker werden dürfen, ist die Frage, wie man Weiblichkeit in diesen Berufen anzeigt, hinfällig. Nur wenn Frauen Zugang zur Breite des Berufslebens erhalten, ergibt sich überhaupt das Problem der Sichtbarmachung. Erst in dem Moment, in dem eine große Menge an Frauen, so wie die zukünftige Königin Elizabeth II, Mechaniker werden – nicht aus Feminismus, sondern weil die Männer an der Front sind –, stellt sich die Frage, wie man diese weiblichen Mechaniker bezeichnen soll. Und im ersten Moment hat diese Benennungsfrage auch gar nichts mit Gleichberechtigung zu tun, sondern mit Unterscheidbarkeit. In einer bis zu diesem Zeitpunkt stark nach Geschlechtern segregierten Gesellschaft möchte man auch im Ausnahmezustand noch den »echten Mechaniker« vom »Lady Mechanic« unterscheiden können. Und im schlimmsten Fall verhindern, dass einem ausgerechnet ein »Lady Doctor« das Leben rettet.

Richtig interessant wird das Ganze in dem Moment, irgendwann gegen Ende der 60er, in dem Frauen nicht mehr nur aus militärischer oder wirtschaftlicher Not heraus an der Gesamtheit des Berufslebens teilnehmen, sondern aus der zunehmenden Erkenntnis ihrer eigenen

Gleichheit und Eignung. Denn dann stellt sich die Frage, wie man diese Gleichheit sichtbar macht. Und hier trennen sich der englische und der deutsche Weg endgültig. Denn während die Deutschen überall ein »-in« anhängen und bei Wörtern, bei denen das nicht so einfach geht, auf die verschrobensten Lösungen kommen – von Azubine bis Gästin –, zeigen die Briten Geschlechter einfach gar nicht mehr an.

Der englische Gedanke ist schlicht und ergreifend dieser: Der Weg zur Gleichheit ist Gleichheit. Wenn wir wollen, dass Männer und Frauen gleich sind, dann müssen wir sie gleich behandeln, auch in der Sprache. Jede sprachliche Sichtbarmachung von Geschlecht hebt das Geschlecht hervor, weist auf Unterschiede hin, betont, dass eben dieses Geschlecht so wichtig ist, dass es in jeder Lebenslage erwähnt werden muss, und zementiert damit die Ungleichheit.

Zu dem Zeitpunkt also, als deutsche Zeitschriften, vor allem die eher links-progressiven, anfingen, anstatt von »Schauspielern« von »Schauspielern und Schauspielerinnen«, Schauspielenden, SchauspielerInnen, Schauspieler_innen und Schauspieler*innen zu schreiben, beschloss der *Guardian* – die englische Zeitung der progressiven feministischen Linken – nur noch das Wort »Actor« zuzulassen und »Actress« zu streichen. In ihren Stilrichtlinien erklären sie bis heute, so wie es viele andere Publikationen tun, dass *actress*, genau wie *authoress, comedienne, manageress, lady doctor, male nurse* und ähnliche Termini, aus einer Zeit kommt, in der Berufe größtenteils einem einzigen Geschlecht offenstanden (meistens dem männlichen). Und dass diese gegenderten Berufsbezeichnungen heute, wo die Berufe allen Geschlechtern offenstehen, nicht mehr verwendet werden sollten. Zur Verdeutlichung zitieren sie Whoopi Goldberg: »An actress can only play a woman. I'm an actor – I can play anything.« – »Eine Schauspielerin kann nur Frauen spielen. Ich bin Schauspieler – ich kann alles spielen.«

Gegen diese Position gibt es mehrere Einwände: zum einen, dass Whoopi Goldberg ja trotzdem in der Regel Frauen spielt, es also albern ist, sie nicht als *actress* zu bezeichnen. Das ist zwar korrekt, aber sie spielt auch in der Regel schwarze Rollen und trotzdem würden wir uns dagegen verwehren, dies in jeder einzelnen Erwähnung ihres Berufs sichtbar zu machen – ein Text, der bei jeder einzelnen Erwähnung von »the black actor Whoopi Goldberg« spricht oder womöglich noch ein Morphem aus der Hautfarbe (blacktress?) macht, wäre ein rassistischer Text. Abgesehen davon, dass natürlich auch weibliche Schauspieler eben manchmal Männer spielen – Cate Blanchett war wahrscheinlich der beste Bob Dylan.

Der viel größere Einwand gegen diese englische Verwendung des generischen *actor* ist, dass das Wort eben nicht wirklich generisch ist, sondern eigentlich männlich. Im Deutschen verwenden wir für die Wörterbuchform von Personenbezeichnungen – Wörter wie Bäcker, Arzt, Lehrer – gerne die Beschreibung »generisches Maskulinum«. Generisches Maskulinum ist ein wirklich merkwürdiges Wortpaar, ein bisschen wie lebendige Leiche oder haarige Glatze, welches zum Ausdruck bringt, dass diese tätigkeitsbezeichnenden Wörter eben gleichzeitig männlich und nicht männlich sind. Denn ein Lehrerzimmer oder die Ärztekammer oder der Schriftstellerverband sind keine Männerclubs – die Zugehörigkeitsbedingung für die Ärztekammer ist ein Beruf und kein Geschlecht.

Und gleichzeitig werden diese Wörter eben auch für männliche Berufsausübende benutzt. Also »Lehrerin« bezeichnet ausschließlich eine lehrende Frau. Ein Lehrer ist sowohl ein lehrender Mensch als auch ein lehrender Mann. Das Wort »Lehrer«, genau wie das Wort »actor« im Englischen, wird auf eine Art geschlechtsneutral verwendet, wie es das Wort »Lehrerin« oder »actress« nie wird. Wer mal die Google-Bildersuche von »Lehrer« mit der von »Lehrerin« vergleicht, der sieht den Unterschied: Die erste zeigt Menschen, die lehren. Die zweite zeigt Frauen. Wer Bundeskanzler sucht, findet neben Kohl und Schmidt vor allem auch Merkel. Wer Bundeskanzlerin sucht, findet ausschließlich Merkel.

Die sprachliche Maskulinität von generischen Berufsbezeichnungen wirft ein Henne-Ei-Problem auf: Sind die Berufsbezeichnungen inhärent männlich und brauchen daher eine parallele weibliche Form, oder sind sie inhärent generisch und wirken nur deswegen männlich, weil sie historisch nur von Männern ausgeführt werden durften? Aus englischer Perspektive ist Letzteres der Fall. Das Wort *Prime Minister* bezeichnet de facto für den Großteil der englischen Geschichte einen Mann, einfach schon deshalb, weil Frauen weder wählen noch gewählt werden durften. Das Wort war nicht deshalb männlich, weil es sprachlich männlich ist, sondern weil es in der Realität männlich war.

Die englische Lösung für dieses Problem ist es nicht, eine weibliche Form einzuführen, obwohl *Prime Ministress* durchaus ginge, sondern eine Frau zu wählen. Mit der Einführung des allgemeinen Wahlrechts 1928 und spätestens ab 1979, als Margaret Thatcher Premier wurde, wurde das Wort *Prime Minister* de facto generisch – konnte Männer und Frauen bezeichnen – und wird mit jedem weiblichen *PM* immer generischer, wobei zur vollen Gleichheit noch einige Dutzend weibliche *Prime Ministers* fehlen. Genauso wie das Wort *US President* für die ersten Jahrhunderte der amerikanischen Geschichte per Gesetz nur Weiße bezeichnen konnte und faktisch bis 2008 nur weiße Männer bezeichnet hat. Die Realität, also Barack Obama, wie er in Chicago vor 240 000 freudentränenüberströmten Menschen seine Siegesrede hielt, hat die Sprache verändert. Obama hat die Bedeutung des Wortes *US President* um seine eigene Identität erweitert. Konkret bedeutet Obamas Präsidentschaft, dass es eine Reihe von Kindern gibt, die beim Wort »President« zuerst an einen schwarzen Mann denken, weil der Präsident, mit dem sie aufwuchsen, eben schwarz war (kein amerikanisches Kind ist jemals mit einem weiblichen *President* aufgewachsen). Genau wie es bis heute Menschen gibt, deren erste Assoziation, wenn sie *Prime Minister* hören, eine Frau ist, einfach weil diese Frau sich während ihrer elf Jahre als Premier in das kollektive Gedächtnis einbrannte wie kein anderer Premier der Nachkriegszeit.

Hätte Deutschland den angelsächsischen Weg der Geschlechtergerechtigkeit eingeschlagen, dann gäbe es im Jahr 2019 15-jährige Kinder, für die das Wort Bundeskanzler in erster Assoziation ein weibliches ist, weil sie es noch niemals erlebt haben, dass ein Mann Bundeskanzler ist. Durch die Verwendung der beiden unterschiedlichen Wörter »Bundeskanzler« und »Bundeskanzlerin« haben wir uns, aus englischer Perspektive, um diesen Sprachwandel gebracht.

Und das, obwohl wir durchaus an die Möglichkeit solchen Wandels glauben, weil wir sie an anderer Stelle mit dem Ziel der größeren Gerechtigkeit bereits erfolgreich eingesetzt haben. Als die Engländer aufhörten, einen sprachlichen Unterschied zwischen *actor* und *actress* zu machen, hörten die Deutschen auf, zwischen »Frau« und »Fräulein« zu unterscheiden. Anstatt unverheiratete weibliche Menschen als »Fräulein« und nur verheiratete weibliche Menschen als »Frau« zu bezeichnen, wurde es üblich, alle weiblichen Menschen – unabhängig davon, ob sie verheiratet sind – als »Frau« zu bezeichnen. Auch hier hätte man argumentieren können, dass dies die verheiratete Frau zum Standard macht, was es ja sprachlich tatsächlich tat, und die unverheiratete diskriminierte. Knapp 50 Jahre später wissen wir, dass das Gegenteil passiert ist: Indem wir das Wort »Frau« unabhängig vom Ehestatus einsetzen, haben wir es ziemlich erfolgreich von der Bedeutungsebene »verheiratet« getrennt. Kein Mensch geht heute noch davon aus, eine »Frau« sei automatisch verheiratet. Das Wort »Fräulein« ist – mit Ausnahme von wenigen Berliner Hipstern – aus deutschen Mündern verschwunden. Unverheiratete Frauen gibt es trotzdem und die werden meistens überhaupt nicht gerne als Fräulein bezeichnet.

Das ist nämlich eines der Resultate einer solchen Bedeutungsverschiebung: Wer sich erst mal daran gewöhnt hat, eine Frau zu sein, möchte kein Fräulein mehr sein, und wer sich daran gewöhnt hat, dass das eigene Geschlecht in der Berufsbezeichnung nichts verloren hat, der möchte oft nicht gegendert werden, egal, wie gerecht es gemeint ist. Für mich war es jedes Mal, wenn ich nach einer längeren Zeit in England wieder nach Deutschland kam, ein sehr befremdlicher Prozess. Besonders unangenehm war mir dieser Kulturunterschied immer dann, wenn ich aus englischer Gewohnheit auf die Frage, was ich beruflich mache, antwortete, dass ich Student sei, und dann von meinem Gegenüber mit einem entschiedenen »StudentIN« verbessert wurde. Stimmt ja, dachte ich in solchen Momenten, in Deutschland bin ich ja nicht Student; in Deutschland bin ich Frau.

Ich kam mir dann ein bisschen wie ein Alien vor, das zum ersten Mal Menschen bei einem Date beobachtet und sich fragt, warum sich die Erdwesen stachlige Pflanzenblütenstängel reichen, um danach ihre Nahrungsöffnungen aneinanderzupressen. Nur dass mich nicht das Daten der Menschen, sondern eben das Gendern der Deutschen faszinierte. Wenn man mal kurz durch die Augen des Aliens blickt, also die Augen des Fremden, dann ist es doch eigentlich ziemlich witzig, wie besessen wir von Genitalien sind – denn um Geschlechteridentitäten jenseits physischer Merkmale geht es selten, sonst würden wir nicht einfach drauflosgendern, sondern erst mal ein Geschlecht erfragen. Nein, wenn die Deutschen sprachlich gendern, dann ist das fast ausschließlich etwas Biologisches. Es geht um Männchen und Weibchen im biologischen Sinne, also schlussendlich um Reproduktion und Geschlechtsteile. Während britische Nachrichten also von Theresa May einfach nur als Regierungsoberhaupt sprechen, sind die Deutschen gezwungen, immer, wenn sie vom deutschen Staatsoberhaupt sprechen, auch auf die Form der regierenden Genitalien hinzuweisen. Ein bisschen absurd ist das schon.

Das größte Problem für einen Englisch-Geschädigten wie mich ist aber, dass man diesem intuitiven Unbehagen auf keinen Fall Ausdruck verleihen sollte. Denn wenn man das tut, dann bekommt man sofort Applaus aus der ganz falschen Richtung. Nämlich meistens von Konservativen, die sich freuen, wenn eine junge Frau Schwierigkeiten mit dem Gendern hat, und dabei nicht begreifen, dass die Perspektive – die ja nur die englische Perspektive ist – gar nicht weiter weg sein könnte von der des durchschnittlichen deutschen Gender-Gegners. Denn es geht nicht um Sprachpflege oder Ästhetik. Ja, Wörter mit _ oder * haben eine eher gewöhnungsbedürftige Ästhetik; aber wer denkt, dass Schönheit wichtiger ist als Gerechtigkeit, der sollte mit dem Menschsein noch mal von vorne anfangen, und zwar ohne über Los zu gehen. Es geht auch nicht um Spracherhalt. Im Gegenteil, das Ziel des englischen Weges zu Sprachgerechtigkeit ist, »weibliche« Formen so ungebräuchlich zu machen wie das Wort »Fräulein« und im Gegenzug Wörter wie »Schauspieler«, »Kanzler« oder »Ärzte« von jeglicher Geschlechtlichkeit zu befreien, so wie das Wort »Frau« heute frei von »verheiratet« ist. Das Ziel des englischen Mainstreams in der Geschlechtergerechtigkeit ist es, Geschlechtsteile auf die Bereiche zu beschränken, wo sie hingehören, in Schlafzimmer, Piercingstudios und Arztpraxen, und sie aus dem öffentlichen Leben und der öffentlichen Sprache so weit wie möglich zu verbannen.

Ein bisschen passiert das übrigens auch in Deutschland. Denn neben dem deutschen Weg zur Geschlechtergerechtigkeit, den wir so gerne diskutieren, setzt sich klammheimlich auch der englische Weg in der normalen Sprache durch. Auch im Deutschen hört man immer mal wieder, dass Menschen das »generische Maskulinum« nicht nur im Plural für Gruppen verwenden (Ärztekammer) oder in einem für eine geschlechtergemischte Gruppe stellvertretenden Singular (»Jeder Lehrer will guten Unterricht machen«), sondern auch wenn ausschließlich und offensichtlich eine Frau gemeint ist.

Zum ersten Mal ist mir das vor Jahren bei Heidi Klum aufgefallen, die gerne mal zu einem ihrer »Mädchen« sagt, dass sie »der beste Läufer« ist und damit eine Frau meint, die eine als weiblich gelesene Tätigkeit ausübt, nämlich hüftenschwingend in Stöckelschuhen über den Laufsteg stolzieren. Ähnlich war es 2019 bei *Let's Dance,* wo Pascal Hens seinen Erfolg wiederholt mit »ein guter Trainer« erklärte und dabei auf Ekaterina Leonova im Glitzerkleid deutete. Aber nicht nur in der gesprochenen Sprache des Fernsehens, auch in der Literatur lässt sich das beobachten. Wer seine ersten richtigen Leseerfahrungen irgendwann nach 1997 gemacht hat, bei dem kann es gut sein, dass er beim Wort »Professor« zuallererst an Professor McGonagall denken muss. Wer also mit *Harry Potter* groß geworden ist, der ist auch in der deutschen Übersetzung damit groß geworden, dass eine Frau als »Mein lieber Professor« angesprochen wird. Auch im Deutschen wird die »generische« Form durchaus »generisch«, also für die Bezeichnung einzelner Frauen inklusive der dazugehörigen Adjektive (guter, lieber) verwendet und nicht nur, weil die Existenz von Frauen, wie man bei gemischten Gruppen denken kann, unterschlagen wird. Auch wir sind (ohne große Absicht und rein intuitiv) immer wieder in der Lage, die offensichtliche Geschlechtlichkeit sprachlich zu ignorieren.

Was dieses Ignorieren von Geschlechtlichkeit angeht, ist Oxbridge, wie Unis so sind, allerdings deutlich radikaler als Deutschland, ja sogar als der englische Mainstream. Genauso wie es an deutschen Universitäten Menschen gibt, die den Gender-Gap in Lehrer_innen nicht nur schreiben, sondern tatsächlich sogar mitsprechen, gibt es in Oxbridge seit Längerem sprachliche Bestrebungen, die weit über das Vermeiden von *actress* und *mistress* hinausgehen. Während sich halb Deutschland darüber aufregte, dass ein_ Professor_ aus Berlin nicht geschlechtlich bezeichnet werden will und deswegen für sich selbst Professx vorschlug, ist dies in Oxbridge längst normal. Nicht beim Wort Professor, das ja sowieso auf Englisch nicht (mehr) geschlechterspezifisch ist, sondern bei der Ansprache in offiziellen Dokumenten: Neben *Mr, Ms, Miss* und *Mrs* kann seit einigen Jahren auch *Mx* gewählt werden. Die Universitäten halten sich strikt daran und bezeichnen Menschen, die eine nicht binäre Anrede wünschen, als *Mx*. Und das ganz ohne Shitstorm.

Deutlich gebräuchlicher, was die Unsichtbarmachung von Geschlechtlichkeit betrifft, ist in Oxbridge und zunehmend im ganzen englischsprachigen Raum das Wort »they« (ihr) in der Einzahl. Anstatt auf einen Menschen mit einem geschlechtlichen Personalpronomen, also einem »he« oder »she«, zu verweisen, wird immer häufiger das Wort »they« verwendet, um das Geschlecht der Person gänzlich zu vermeiden. Bei einem Satz wie »the professor said they like the student« wird an keiner Stelle mehr angezeigt, welches Geschlecht die beteiligten Personen haben.

Natürlich gibt es auch in Großbritannien die konservativen Sprachpfleger, die darauf bestehen, dass man doch ein Pluralwort nicht im Singular verwenden kann. Diese Sprachpfleger stehen allerdings im Englischen auf sehr dünnem Eis, zum einen, weil diese generische Verwendung von »they« bis ins 18. Jahrhundert weit verbreitet war. Zum anderen, weil es schon seit Shakespeares Zeiten üblich ist, »you« sowohl für die zweite Person Plural (ihr) als auch für die zweite Person Singular (du) zu verwenden.

Keiner käme heute mehr auf die Idee, »du« mit »thou« zu übersetzen, obwohl »thou« historisch die korrekte Form ist und »you« eigentlich »ihr« bedeutet. Im Englischen »ihrzt« man sich schon so lange, dass es ein wenig albern ist, sich gegen das »Siezen« – also die Verwendung von »they« anstelle von »he« und »she« – zu stellen.

Für die meisten Menschen ist diese Verwendung von geschlechtslosen Pronomen eine rein intellektuelle Haltung – die letzte logische Konsequenz aus der Vermeidung geschlechtlicher Personenbezeichnungen wie *actress*. Singular-»they« resultiert oft aus der Überzeugung, dass das Geschlecht eines Menschen in den meisten Fällen ziemlich egal ist und deswegen nicht permanent hervorgehoben werden sollte. So erschien 2019 in der *New York Times* ein Artikel von einem selbst erklärten Durchschnittsmann, der dafür plädierte, ihn und alle Menschen als »they« zu bezeichnen, weil er findet, geschlechtliche Pronomen lenken einen unnötigen und unfairen Fokus auf das Geschlecht.

Während »they« für manche, vielleicht die meisten, nur eine intellektuelle Überlegung ist, ist es für viele eine aus der Lebensrealität geborene Notwendigkeit. In meiner Zeit in Oxbridge haben fünf Menschen in meinem Bekanntenkreis begonnen, sich nicht (mehr) mit dem Geschlecht zu identifizieren, welches in ihrem Ausweis steht, darunter einer meiner engsten Freunde. Anders gesagt, alleine in meinem näheren Oxbridge-Umfeld haben sich seit Beginn meines Studiums drei Menschen als trans Männer geoutet – heute bevorzugen sie »he«, aber es gab eine Zeit der sprachlichen Ambiguität –, zwei weitere als nicht binär, also als weder ausschließlich männlich noch weiblich. Warum ausgerechnet in Oxbridge die Dichte an trans und genderqueeren Menschen so hoch ist, ist eine Frage für sich; Oxbridge ist in vielerlei Hinsicht eine statistische Anomalie.

Wichtiger ist, dass sich daraus ein ganz neues sprachliches Problem ergibt: Es ist schon deshalb schwierig, zwischen »he« und »she« zu unterscheiden, weil man im Zweifelsfall gar nicht weiß, zu welchem dieser beiden Lager sich das Gegenüber zugehörig fühlt oder ob es beide für sich ganz ablehnt. Eine Lösung für dieses sprachliche Problem, die gerade auch unter deutschen Feminist_innen beliebt ist, ist es, die eigene Geschlechteridentität immer wieder zu verkünden. Und zwar, indem man zum Beispiel auf Namensschildern bei Konferenzen und in seiner Twitter-Biografie seine Pronomenwahl angibt, also hinter dem Namen z. B. »sie/ihr« schreibt. Das Problem mit dieser Lösung ist, dass sie einen enormen Fokus auf Geschlechtlichkeit legt und mit einem Offenlegungszwang verbunden ist, der für nicht geoutete trans Menschen oder Menschen, die Geschlechtlichkeit, aus welchen Gründen auch immer, nicht thematisieren wollen, sehr unangenehm ist. Ein generisches »they« für alle, wie es im englischen Sprachraum diskutiert wird, könnte dieses Problem lösen.

Obwohl zurzeit nichts darauf hinweist, sondern das sprachliche »Gendern« in Deutschland immer beliebter wird, kann ich mir vorstellen, dass auch Deutschland irgendwann einen ähnlichen Weg wie das Englische einschlagen wird – also die Geschlechterdifferenzierung, die wir gerade so hart erkämpfen, wieder auflöst. Zum einen, weil das Englische einen enormen Druck auf das Deutsche ausübt. Bei *Harry Potter* kommt der weibliche Professor offensichtlich aus dem Englischen ins Deutsche. Und wenn Heidi Klum eine junge Frau »einen Läufer« nennt, dann tut sie das nicht zuletzt, weil sie jahrelang mit einem Briten liiert war, in Amerika lebt und sehr gut und viel Englisch spricht. Genauso wie die Verwendung von »Trainer« anstelle von »Trainerin« daher kommen könnte, dass Trainer ein englisches Lehnwort ist und wir es daher eher auch englisch verwenden. Solange es im Deutschen Anglizismen, amerikanische Fernsehserien und englische Literatur in Übersetzung gibt, wird es immer auch einen Druck weg von geschlechterspezifischer Sprache geben.

Diesem Druck könnte das Deutsche wahrscheinlich standhalten, wenn das geschlechtergerechte Deutsch angesichts des 21. Jahrhunderts nicht an die Grenzen seiner Möglichkeiten stoßen würde. In den letzten Jahren fällt uns, mit leichter Verspätung – die alten Griechen wussten es –, etwas auf, das die geschlechtergerechte Sprache zusätzlich erschwert: Manche Menschen sind intersex. Sie haben keine medizinisch eindeutig als männlich oder weiblich bestimmbaren Genitalien oder Hormonhaushalte oder Chromosomensätze. Gerade denjenigen, die auf ein biologisches Geschlecht in der Anrede bestehen – die selbstbestimmte Pronomenwahl ablehnen, »weil Menschen nun mal ein biologisches Geschlecht haben« –, muss einleuchten, dass Menschen, die biologisch intersex und daher nicht »männlich« oder »weiblich« sind, oft auch nicht so behandelt werden wollen. Sowohl der englische als auch der deutsche Staat (und Österreich) erkennen diese biologische Realität mittlerweile an, indem sie neben »männlich« und »weiblich« eine dritte Geschlechteroption akzeptieren (zum Beispiel »divers«). In Stellenausschreibungen sieht man hierzulande immer häufiger Formulierungen wie »Journalist (m/w/d)«.

Wer aber in eine Stellenausschreibung (m/w/d) schreibt, der muss sich früher oder später fragen, wie er dieses »d« denn sprachlich anzeigen möchte: Wie nennt man jemanden, der schauspielt und »divers« ist? Schauspieler wohl kaum. Schauspielerin auch nicht. Schauspielende scheitert spätestens am Artikel (der oder die?). Und wer glaubt, man könne in jeder Singularverwendung mehrere Artikel und einen Gender-Gap mitsprechen, der sollte das mal ausprobieren (Ein_e gute_r Schauspieler_in weiß, wie er/sie ihre/seine Zuschauer_innen unterhalten kann). Noch akrobatischer sind nur die geschlechtsneutralen Zusammenziehungen und x-Formen (Einx gutx Schauspielerx weiß, wie xier xiese Zuschauerx unterhalten kann). Ich kann in solchen Sätzen durchaus eine sudokuhafte Schönheit entdecken, aber flüssig sprechen kann ich sie nicht, und ich bin mir auch nicht sicher, ob mich dann noch jemand verstehen würde.

Die schiere Komplexität dieses Unterfangens sticht gerade im Vergleich mit der englischen Lösung hervor. Denn auf Englisch ist ein Mensch, der schauspielt und divers ist, man ahnt es, einfach *actor* und »they«. Weiblich, männlich, intersex, nicht binär ist vollkommen egal. *Actor* lässt sich durch beliebig viele Geschlechteridentitäten erweitern, eben weil es diese nicht anzeigt. Und weil das Englische von vornherein weniger geschlechtlich ist als das Deutsche und der englische Mainstream Geschlechtergerechtigkeit mit bestehenden Wörtern und nicht mit Wortneuschöpfungen löst, kann auch immer auf die bereits bestehende Grammatik zurückgegriffen werden. Die Sätze, die so entstehen, sind auch für normale Briten zu verstehen: »A good actor knows how they can entertain their viewers.« Ende. Einfach.

Natürlich handelt es sich bei diesen Fragen um Minderheitenthemen. Die meisten Menschen sind nicht intersex und kennen auch niemanden, der offen intersex ist. Die meisten Menschen leben nicht als trans Personen, wobei ich mir vorstellen kann, dass die Dunkelziffer höher ist, als viele annehmen. Die meisten Menschen haben überhaupt kein Problem damit, sich für ein Pronomen oder eine gegenderte Berufsbezeichnung zu entscheiden, und es scheint sie auch nicht zu stören, wenn das Geschlecht immer und immer und immer wieder hervorgehoben wird.

Wenn es also bei der geschlechtergerechten Sprache um Gerechtigkeit für die Mehrheit geht, dann ist die deutsche Lösung, so binär geschlechterfixiert sie auch sein mag, durchaus praktikabel. Wenn Gerechtigkeit aber für alle sein soll, wenn Inklusion eben genau die Inklusion von Minderheiten betrifft, dann kann die deutsche Form der geschlechtergerechten Sprache diese Aufgabe kaum bewältigen.

Eine gute Lösung, eine, die niemanden ausgrenzt – weder die deutschen Feminist_innen noch intersexuelle Menschen noch die nicht binären oder nicht geouteten trans Personen noch die Menschen, die nicht die ganze Zeit auf Geschlechter fixiert sein wollen –, konnte ich für das Deutsche bis jetzt nicht finden. Stattdessen wurschtel ich mich im Deutschen unglaublich inkonsequent so durch, versuche niemanden zu verletzen, gendere an den Stellen, wo ich weiß, dass es Menschen wirklich wichtig ist, wechsele im Zweifelsfall ins Englische und hoffe, dass es niemand merkt. Ich glaube aber, dass wir in Sachen geschlechtergerechte Sprache früher oder später nach Großbritannien blicken werden. Denn für echte Gleichheit und die Inklusion geschlechtlicher Minderheiten meine ich im Vergleich zu erkennen, wer den besseren Lösungsansatz hat: *They do.*

DING DONG
THE WITCH IS DEAD:
MARGARET THATCHERS ERBE

A m 8. April 2013 flog die Fahne von Somerville College auf halbmast. Eine Musicalnummer von 1939 stieg unerwartet mit 74 Jahren Verspätung an die Spitze der UK-Single-Charts. Auf dem Weg in die Bibliothek wurde ich um ein Interview gebeten.

Diese drei Geschehnisse waren für sich genommen sehr merkwürdig, in der Summe konnten sie nur eines bedeuten: Margaret Thatcher war tot. Ihr College – mein College – Somerville rückte auf einmal in den Fokus der Öffentlichkeit. Die Aussagen ziemlich unbedeutender Studenten gewannen für einen kurzen Moment an Wichtigkeit. Natürlich gab es neben der Trauerbeflaggung auch eine Pressemitteilung vonseiten des Colleges. Aber viel spannender für die Medien als die offiziellen Trauerbekundungen war das, was inoffiziell in Thatchers altem College vorging, vor allem deshalb, weil Somerville als eher linkes College bekannt ist. Die Journalisten konnten sich also denken, dass es hinter den altehrwürdigen Mauern weniger traurig zuging. Während Somerville als College Trauer trug, spielte in vielen Studentenzimmern eine andere Musik. Eine Musik, die ganz England für eine Zeit lang erfasste. Es war ein Lied aus dem Musicalfilm *The Wizard of Oz*, das die Charts eroberte, nicht aufgrund seiner musikalischen Brillanz, sondern schlicht und ergreifend wegen seines Titels *Ding Dong the Witch is dead*. In dem Lied feiern die Bewohner eines märchenhaften Königreichs, welches jahrelang von einer bösen Hexe terrorisiert wurde, dass diese endlich gestorben ist: »Let the joyous news be spread, the wicked old witch at last is dead!«

Die Journalisten bekamen übrigens trotzdem recht wenig Thatcher-feindliches Material. Das lag zum einen daran, dass der *term* noch nicht begonnen hatte und außer ein paar älteren Studenten und solchen, die sich auf Prüfungen vorbereiten mussten, kaum jemand im College war. Gleichzeitig schien diejenigen, die Margaret Thatcher zeitlebens inbrünstig gehasst hatten, noch etwas anderes zurückzuhalten. Wenn man sich die Berichterstattung aus dieser Zeit anschaut, wirkt es, als wäre Somerville voller junger Menschen, die Thatcher freundlich, aber ohne jegliche Anteilnahme aus der Ferne bewundert hatten. Dem war nicht so. Wir anderen behielten unsere Gefühle nur einfach für uns.

Die damalige Dekanin managte diese Situation mit einer Mischung aus Intelligenz, Taktgefühl und PR-Genie. In den Interviews, die sie nach dem Tod Thatchers gab, sprach sie vor allem darüber, wie sehr Thatcher Somerville zeitlebens geliebt hatte, um dann das Gespräch auf Thatchers Somerville-Tutorin Dorothy Hodgkin –

die erste weibliche Nobelpreisträgerin der Chemie – zu lenken. Die Aussage »Der erste und bis jetzt einzige weibliche Prime Minister wurde von der ersten weiblichen Chemie-Nobelpreisträgerin unterrichtet und beide kamen aus Somerville« fiel mehr als einmal. Was die Dekanin selbst über die Politik Thatchers dachte, fand dabei keine Erwähnung. Aber ich habe eine Vermutung.

Auch innerhalb des Colleges wurde der Tod Thatchers mit einem ans Geniale grenzenden Takt verhandelt. Die Beerdigung wurde live übertragen, gleichzeitig wurden aber auch offene Diskussionen gehalten. An die Studenten schrieb die Dekanin eine E-Mail, die deutlich machte, dass wir unsere Meinungen kundtun durften, gleichzeitig aber auch einen gewissen Ton vorzuschlagen schien: »Wir feiern die Stärke einer Somerville-Ausbildung, wir erinnern uns an unsere berühmteste Alumna; gleichzeitig bleiben wir alle frei, unseren Ansichten zu ihrem politischen Vermächtnis Ausdruck zu verleihen.« Besser konnte man mit der Situation kaum umgehen.

Ich ging damals nicht zur Beerdigungsübertragung, weil mich solche großen englischen Staatsfestivitäten gleichzeitig langweilen und aufregen. Wobei es natürlich ein passendes Ende für Thatchers Leben war, dass für ihre Beerdigung 3,6 Millionen Pfund Steuergelder verblasen wurden, die man sonst ja in das marode Krankenkassensystem, in die Bildung oder in Renten hätte investieren können. Wäre Thatcher ein Jahr später gestorben, wäre ich allerdings nicht nur zur Übertragung, sondern tatsächlich zur Beerdigung gegangen. Denn der *MCR President* – der

Präsident der graduierten Studenten von Somerville – gehörte als Vertreter des Colleges, zusammen mit der Dekanin und der Präsidentin der Bachelor-Studenten, zu den geladenen Gästen. Da ich das Amt des *MCR President* erst im Folgejahr innehatte, ging mein Amtsvorgänger, sprach mit Journalisten, schüttelte David Cameron die Hand. Ich muss zugeben, es hätte mich schon irgendwie interessiert hinzugehen – schon alleine wegen der Geschichte –, aber insgesamt bin ich froh. Ich muss auf Beerdigungen immer weinen und wäre der Rolle als Repräsentant so natürlich nicht gerecht geworden. Ich hätte mich auch bei meinen englischen Freunden nicht mehr blicken lassen können, wenn herausgekommen wäre, dass ich ausgerechnet auf Thatchers Beerdigung geweint habe.

Grenzenloser Hass, genau wie grenzenlose Liebe, ist ein Gefühl, welches für diejenigen, die es nicht teilen, kaum zu begreifen ist. Ich kann mich nicht erinnern, dass ich jemals solchen Hass gesehen habe, wie er Margaret Thatcher entgegengebracht wird. Wobei sie natürlich auch geliebt wurde: Während die eine Hälfte des Landes *Ding Dong the Witch is dead* in die Charts trieb, versuchte die andere Hälfte das Gleiche mit einem Punk-Partylied aus den späten 70ern, welches eigentlich nur aus der wiederholt gegrölten Liedzeile »I'm in love with Margaret Thatcher« besteht. Zu sagen, dass Thatcher polarisiert, dass sie England spaltet, ist britisches Understatement.

Für ihre Fans hat Thatcher das Vereinigte Königreich gerettet, für ihre Feinde hat sie es zerstört. Beide haben recht. Thatcher hat Großbritannien davor bewahrt, ein pazifistischer, abrüstender, EU-freundlicher, linksliberaler Sozialstaat mit bezahlbaren Mietwohnungen und funktionierenden Gewerkschaften zu werden. Ob man das jetzt als retten oder zerstören bewertet, ist eine Frage der Ideologie – je nachdem, ob man den Sozialstaat, Gewerkschaften, die EU als Gesetzes- und Währungsunion und nukleares Abrüsten für etwas Gutes hält. Unabhängig von Ideologien lässt sich aber kaum bestreiten, dass Thatchers Einfluss weit über ihre eigene Amtszeit hinaus Bestand hatte. Sie hat nicht nur ihre eigene konservative Partei geprägt, sie hat vor allem auch *Labour* den linken Wind aus den Segeln genommen und war so die treibende Kraft hinter Tony Blairs neoliberalem Kurswechsel Richtung *New Labour*. Während die Wähler vorher die Wahl zwischen einer konservativen und einer Arbeiterpartei hatten, konnten sie sich nach Thatcher nur noch zwischen einer neoliberalen und einer neoliberalen Partei entscheiden. Als Maskottchen des englischen Nationalismus, welches sie spätestens mit dem Falklandkrieg wurde, und wegen ihrer fortschreitend EU-skeptischen Haltung, mit der sie schon 1988 in Brügge die europäische Politik vor den Kopf stieß, war sie eine entscheidende Kraft des Brexits – und das Jahre nach ihrem Tod. Mir fällt kein europäischer Politiker der Nachkriegszeit ein, der sein Land und wahrscheinlich sogar Europa so nachhaltig verändert hat wie Margaret Thatcher.

Was Thatcher ausmacht, ist, dass sie wie kein anderer Politiker die Art konservativen Denkens verkörpert, in der Reichtum und Macht ein Zeichen für persönliche Leistung sind und Armut Anzeichen für persönliches Versagen. Für Thatcher gab es keine gesellschaftliche Ungerechtigkeit, keine Diskriminierung, keinen Rassismus, keinen Sexismus – nur individuelle Leistungen und individuelles Versagen. Thatcher verachtete Menschen, die ihre Probleme mit gesellschaftlichen Missständen erklären wollten, denn, so sagte sie einst, es gibt überhaupt keine Gesellschaft: »... there's no such thing as society. There are individual men and women.« Und diese Individuen sollen ihre Probleme gefälligst selbst lösen, sie hatte das ja auch hingekriegt.

Damit dachte sie natürlich das, was die meisten Tories sowieso denken. Wie die meisten Toffs dachte auch Thatcher, dass sie sich ihre Macht und ihre Privilegien hart erarbeitet hatte – der Unterschied, und es ist ein entscheidender, war nur, dass das in Thatchers Fall auch stimmte. Anders als fast alle, die damals die Führung ihrer Partei innehatten, wurde Thatcher nicht zu Reichtum und Macht geboren.

Thatcher kam nicht aus einer *upper-class*-Familie. Ihr Vater war ein Krämer und methodistischer Priester. Ein Kind der *lower middle class,* aus einer Familie, die nicht mal der etablierten Kirche angehörte, und dazu noch eine Frau – Thatcher hatte keinen der Vorteile, die einen für das Amt des *Prime Minister* prädestinieren. Sie war auf eine ganz normale Schule gegangen, hatte dann ein Stipendium für eine *Grammar School* – eine Art Gymnasium – gewonnen, später erhielt sie ein Stipendium, um in Somerville Chemie zu studieren. Schon während des Studiums trat sie der *Oxford Conservative Association* bei und knüpfte hier wichtige Kontakte. Nach dem Studium arbeitete sie sich Stück für Stück und sicherlich gegen einigen Widerstand durch die Ränge, bis sie dann im Mai 1979 in die Downing Street Nr. 10 einzog, von wo sie sich erst elf Jahre, also zweieinhalb Legislaturperioden, später wieder vertreiben ließ. Thatchers Biografie liest sich wie der Beweis aller *Tory*-Fantasien: Wer nur hart genug arbeitet, schafft es nach oben – wer es nicht nach oben schafft, hat offensichtlich nicht hart genug gearbeitet. Wenn jemand wie Maggie es schafft, dann kann jeder es schaffen. Ein Sozialstaat, der versucht, Ungleichheiten zu bekämpfen, oder ein Feminismus, der die Gleichstellung der Geschlechter anstrebt, ist unnötige, dekadente Zeitverschwendung.

Das stimmt natürlich selbst im Falle einer Thatcher nicht wirklich. Denn Thatchers Biografie ist ohne Frauenbewegung und ohne die Unterstützung finanziell Benachteiligter nicht denkbar. Immerhin waren es Stipendien, die ihr die weiterführende Schule und das Studium ermöglichten – während einer deutlich sozialstaatlicheren Phase der englischen Geschichte, in der das Studium ohnehin umsonst war. Ob sie sich die 9000 £, die man heute in England pro Studienjahr bezahlt, hätte leisten können? Ob ihr sparsamer Vater, der keine Toilette im Haus erlaubte, weil er das für unnötigen Luxus hielt, das hätte bezahlen wollen? Viel wichtiger noch als diese finanzielle Komponente ist natürlich die Sache mit den Chromosomen. Ohne die Frauenbewegung hätte Thatcher – unabhängig von Studiengebühren – schlicht und einfach nicht studieren können.

Somerville wurde 1879 aus einem einzigen Grund gegründet: um Frauen das Studium zu ermöglichen. Noch fünf Jahre vorher war Frauen das Studium in Oxford nicht möglich. Auch Cambridge hatte erst zehn Jahre zuvor ein Frauencollege eröffnet. Es waren nach Gleichheit strebende Gesellschaftsveränderer, die es vor gut 150 Jahren Menschen wie Thatcher (und mir) erstmals ermöglichten, überhaupt in Oxbridge zu studieren – mit all seinen Möglichkeiten. Da Thatcher aus einer Methodistenfamilie stammte, wäre ihr aber selbst als Mann der Zutritt zu Oxbridge bis in die 1870er verwehrt gewesen. Somerville war eines der ersten Colleges, welches auch Menschen aufnahm, die nicht zur *Church of England* gehören. Als Methodistin, als Kind der unteren Mittelschicht und als Frau verdankte sie ihren Aufstieg gleich dreifach den progressiven Linken – das hat sie ihnen nie verziehen.

Wenn man gnädig mit Thatcher sein möchte, und, ob man es glaubt oder nicht, das möchte ich, dann lässt sich die absolute Gnadenlosigkeit, mit der sie mit den Armen, den Erfolglosen und den Ausgeschlossenen umging, die oft tödliche Gewalt, mit der sie Proteste niederschlagen ließ und gegen Gewerkschaften vorging, aus ihrer eigenen Aufsteigerbiografie erklären. Damit sie es so weit schaffen konnte, wie sie das tat, musste sie fast übermenschlich hart arbeiten, tatsächlich ranken sich um Thatchers Arbeitsethik bis heute Legenden. Und auch wenn solche Legenden meist übertrieben sind, scheint es tatsächlich zu stimmen, dass sie Reden, Verhandlungen oder die wöchentlichen Fragerunden im Unterhaus wesentlich akribischer vorbereitete als ihre Vor- und Nachfolger und dass sie, lang bevor sie Premier wurde, selten mehr als vier Stunden pro Nacht schlief. Wer so zwanghaft hart arbeitet wie Thatcher, kann die Vorstellung, irgendwann irgendwie Hilfe gebraucht oder bekommen zu haben, nur schwer ertragen. Für Thatcher war harte Arbeit der Kern ihrer Identität und ihrer Wertvorstellungen. Der Gedanke, dass irgendjemand Unterstützung brauchen könnte, dass es Probleme gibt, die sich nicht durch mehr Arbeit und weniger Schlaf lösen lassen, oder dass nicht alle die Konstitution haben, so ein Pensum aushalten zu können, war ihr zuwider – immerhin hatte sie es ja geschafft. Thatcher glaubte all das, was die Toffs und Tories sowieso schon immer glauben, aber sie glaubte es nicht mit der selbstsicheren Trägheit des Landadels, sondern eben mit der arbeitswütigen Verbissenheit eines Emporkömmlings.

In dieser Logik war Thatcher ein allgemeingültiges Beispiel und eine Ausnahme. Eine Ausnahme, weil nur sie den Willen, die Kraft und das Durchsetzungsvermögen hatte, das Land zu retten; ein Vorbild, weil jeder es ihr gleichtun sollte. Was sie von ihren Vorgängern und Nachfolgern und den modernen Konservativen – von David Cameron, Theresa May oder Boris Johnson – unterscheidet, ist, dass sie kein Politiker war, sondern ein Kämpfer. »I am in politics because of the conflict between good and evil«, sagte sie mal. – »Ich bin in der Politik wegen des Kampfes zwischen Gut und Böse.«

Das Böse ist, was England angreift. Was die Kernfamilie infrage stellt. Das sind diejenigen, welche sich nicht den Aufstieg einzelner Individuen, sondern die Verbesserung der Lebensrealität aller auf die Fahnen schreiben und somit, für Thatcher, Aufsteigern den Wind aus den Segeln nehmen. Das Böse, das sind die Arbeiterbewegung, die Frauenbewegung und der Antirassismus.

Als Thatcher die Polizei gegen die Gewerkschaftsstreiks Mitte der 80er so hart vorgehen ließ, dass fünf Menschen dabei starben und Tausende verletzt wurden, da kämpfte sie nicht etwa gegen ihre Bürger, sondern gegen das Böse. Und als sie, nachdem Argentinien versuchte, die Falklands zu erobern, die Eskalation dermaßen vorantrieb, dass fast 1000 Menschen ihr Leben für die Verteidigung eines Gebiets verloren, auf dem ungefähr 3000 Menschen leben, da kämpfte sie eben auch gegen das Böse. Oder als sie ein Gesetz durchsetzte, welches es Schulen untersagte, die »Annehmbarkeit der Homosexualität als vorgetäuschte Familienbeziehung« zu unterrichten, da kämpfte sie wieder nicht für die Gleichheit der Bürger vor dem Gesetz, sondern eben gegen das Böse. Gegen das Böse kann man eigentlich gar nicht hart genug kämpfen.

Das Böse, das sind keine Menschen, das ist eine amorphe, gesichtslose Masse, die es mit allen Mitteln zu besiegen gilt. Dabei war es Thatcher unwichtig, ob dieses Böse 14 000 km entfernt vor der Küste Argentiniens liegt oder im eigenen Land. Der Unterschied zwischen militärischen Gegnern oder den Gegnern aus der Labour-Partei, der Gewerkschaft oder den Bürgern der großen nordenglischen Arbeiterstädte war lediglich der zwischen dem Feind da draußen und dem Feind im Inneren – was Thatcher »the enemy within« nannte. Dass es Menschen geben könnte, deren Leben vielleicht anders, aber deswegen nicht weniger lebenswert ist, deren Ideen den eigenen widersprechen, mit denen man politisch nicht übereinstimmt, die deswegen aber nicht ihre Menschlichkeit verlieren, diese Vorstellung war Thatcher fremd. Thatchers schlimmstes Erbe ist vielleicht eben das: die Entmenschlichung des Andersdenkenden.

Was dieses Erbe besonders schrecklich macht, ist, dass es auch diejenigen erfasst hat, denen die Unantastbarkeit der Menschlichkeit eigentlich der wichtigste Wert ist. Menschen, die jedes Leben für wertvoll halten, liefen jubelnd und singend durch die Straßen, weil eine alte Frau alleine in einem Hotelzimmer gestorben war. Die Freude über den Tod von jemandem, der seit gut zwei Dekaden keine politische Macht mehr innehatte, war so überwältigend, dass ein Todesfreudenlied die Charts eroberte. Diejenigen, die in jedem Alkoholiker den Suchtkranken sehen, die in jedem Obdachlosen Schicksalsschläge oder gesellschaftliche Missstände vermuten, verloren bei Margaret Thatcher die Fähigkeit, einen Menschen zu erkennen, der, wie wir alle, auch nur Opfer der eigenen Pathologie ist. So überzeugend gab sie die *Iron Lady*, dass man darüber leicht vergessen konnte, dass sie auch nur Fleisch und Blut war.

Diese entmenschlichende Schadenfreude, die bei vielen die eigentlichen Grundwerte zeitweilig aufzuheben scheint, kam auch im Zuge des Brexits wieder hervor: in der diebischen Freude, mit der manche Linke für den Brexit stimmten, nicht zuletzt, weil sie David Cameron scheitern sehen wollten. Oder im euphorischen Aufblitzen in den Gesichtern einiger *Remainer,* als sie sahen, wie Camerons Karriere unter den Konsequenzen des Brexits implodierte oder wie sich Boris Johnson und Michael Gove gegenseitig zerfleischten. Oder in der offensichtlichen Befriedigung, die viele nicht aus Theresa Mays Rückzug, sondern speziell aus den Tränen und dem offensichtlichen Schmerz ihrer Abschiedsrede zogen. Die politischen Widersacher der *Tories* wollten Theresa May weinen sehen, wie sie zuvor Margaret Thatcher sterben sehen wollten.

Das alles wäre halb so schlimm, wenn es sich nur um eine Handvoll *Tory*-Politiker handeln würde. Margaret Thatcher stört es wenig, wenn wir uns über ihren Tod freuen, zum einen, weil sie die Meinung Andersdenkender nie interessiert hat, zum anderen, weil sie tot ist. Und auch Theresa May hat wahrscheinlich andere Sorgen als die Schadenfreude der Bevölkerung. Das Problem ist aber, dass der entmenschlichende Hass sich kaum eingrenzen lässt und dass er längst in den Pubs und zwischen den Gartenzäunen angekommen ist.

Das Problem ist, dass Menschlichkeit keine Geschmacksurteile zulässt. Wir können nicht sagen: Alle Menschen sind gleich, außer dem da. Die Würde des

Menschen ist unantastbar bis auf die von Maggie, Theresa und Hans-Dieter. Entweder alle sind gleich, oder niemand ist es. Entweder ein Mensch hat einen Wert unabhängig von persönlicher Leistung oder Gesinnung, oder er hat ihn eben nicht. Beides geht nicht. Wir können auch nicht für die Freiheit und Gleichheit aller Frauen sein und im gleichen Atemzug erklären, wie es die englische Autorin Hilary Mantel vor Kurzem getan hat, dass Thatcher im Grunde gar keine Frau war. Frau und Mensch sind eben nicht die Art Kategorien, die man durch Fehlverhalten einbüßen kann. Ein Mensch bleibt ein Mensch, auch wenn er ein Scheusal ist. Das ist nicht immer schön, aber wichtig, wenn wir es Thatcher nicht gleichtun wollen und die Sache mit den Menschen und der Menschlichkeit über Bord werfen.

Die Frage, die sich England und allen voran die Menschenrechtler, die Linken, die wirtschaftlich Schwachen, die Frauenbewegung und die Antirassisten stellen müssen, ist: Wie wahrt man im eigenen Denken die Menschlichkeit derer, die einem selbst die Menschlichkeit absprechen? Wie vertritt man konsequent eine politische Position gegenüber den Menschen, die einem nahestehen, gerade wenn sie die Welt anders sehen, ohne dabei die Nähe zu verlieren? Wie hasst man eine politische Ideologie, ohne die Menschen zu hassen, die an sie glauben? Wie kämpft man für das Gute, ohne im politischen Gegner nur noch das Böse zu sehen?

Das sind vielleicht auch außerhalb Englands keine ganz verkehrten Fragen.

ON KINDNESS:
DAS EIGENTLICHE OXBRIDGE

W er viele Jahre lang im Ausland lebt, der lernt dabei zwei Länder kennen: das fremde und das eigene. Um wirklich zu sehen, was ein Land ausmacht, muss man es wieder verlassen. So wie man sein eigenes Gesicht erst wirklich kennenlernt, wenn man es im Spiegel sieht wie das Gesicht eines Fremden. Erst als ich in England lebte, fiel mir auf, was an Deutschland wirklich großartig ist: deutsches Brot, Thermoverglasung, die absolute Selbstverständlichkeit, mit der wir uns beim Umzug helfen, die weitgehende Abwesenheit von unangebrachtem Nationalstolz und das Wort »Ohrwurm«. Genauso weiß ich erst jetzt, wo ich wieder in Deutschland bin, was England ausmacht: das Fehlen gewisser Trennungen – zwischen »Sie« und »du«, zweigeschlechtlicher Berufsbezeichnungen oder »ernster« und »Unterhaltungsliteratur« –, die Unverkrampftheit gegenüber neuen Gedanken und Lebensentwürfen und das Wort *kindness*.

Wenn man *kindness*, ein Wort, das im Englischen vollkommen gebräuchlich ist, übersetzen will, dann hört man sich auf Deutsch entweder sarkastisch oder sehr altertümlich an. Sarkastisch, denn die gängige Übersetzung für *kind* ist »nett« und nett hat auf Deutsch nun mal den Ruf, die kleine Schwester von dem zu sein, was englische Klempner gerne *solids* nennen. Altertümlich, weil das Wörterbuch auch »Güte« als Übersetzung für *kindness* vorschlägt und ich nicht glaube, dass in diesem Jahrhundert irgendjemand auf die Idee käme, die Güte eines Menschen zu loben. Seitdem ich wieder hauptsächlich in Deutschland bin und mit Deutschen rede, merke ich, wie wichtig dieses kleine Wort *kindness* ist und wie sehr es das beschreibt, was ich für das eigentliche Oxbridge halte.

Mir sind in Oxbridge haarsträubende Dinge passiert. Ich habe Menschen getroffen, die so sehr wie Karikaturen des 19. Jahrhunderts wirken, dass ich manchmal das Bedürfnis hatte, sie mit dem Finger zu piksen, nur um sicherzugehen, dass ich nicht beim Dickens-Lesen eingeschlafen bin. Wenn ich mir heute Boris Johnson, Michael Gove oder Jacob Rees-Mogg anschaue, dann kommt mir das Grauen, auch deshalb, weil ich solche Leute kenne, ihnen nicht für fünf Minuten meinen Wohnungsschlüssel geben würde und begreife, dass sie aufgrund einer Mischung von Lügen und Intrigen jetzt die Schlüssel zu Großbritannien haben. In jedem Schachzug sehe ich Johnson an, dass er Großbritannien mit der gleichen arrogant-amüsierten Selbstverständlichkeit demoliert, wie es der *Bullingdon Club* bei Restaurants und Mobiliar tat.

Und trotzdem, obwohl ich weiß, dass es solche Leute in Oxbridge gibt und dass Oxbridge ein entscheidender Faktor auf ihrem Weg zur Macht ist, sind die meisten meiner Erinnerungen und Erlebnisse ganz anders. Was ich in Oxbridge vor allem gesehen und erfahren habe, ist *kindness*. Es hört sich albern an, das zu sagen, vor allem auf Deutsch, wo wir nicht mal ein Wort dafür haben. Aber es gibt eine Art von Wärme und Güte im zwischenmenschlichen Umgang, die in Oxbridge in einer Intensität ausgeprägt ist, die mir vorher unbekannt war.

Kindness heißt, sich die Minute mehr zu nehmen, die es in vielen Fällen braucht, um zu verstehen, warum ein anderer so handelt, wie er handelt. Oder die Sekunde, jemanden, der aussieht, als hätte er sich verirrt, zu fragen, ob man ihm helfen kann. Vielleicht wäre es am besten, *kindness* mit »Großzügigkeit« zu übersetzen, denn es ist oft eine Großzügigkeit im Umgang mit der eigenen Zeit. *Kindness* ist das Gegenteil von »Dienst nach Vorschrift«.

Kindness ist, wenn ein Student aus irgendwelchen Gründen ein Empfehlungsschreiben bis morgen braucht, nicht zu sagen: »Also dafür ist es jetzt wirklich zu spät«, sondern »Okay, ich mach's heute Nacht«. *Kindness* ist die Akademikerin, die sich noch Jahre, nachdem sie mich betreut hat – ohne dass es irgendwie ihr Job ist –, mit mir auf einen Kaffee trifft, um mir zu helfen einen Artikel zu verbessern, und die dann darauf besteht, mich einzuladen, weil Dozenten mehr Geld haben als Studenten und sie findet, dass Dozenten daher zahlen sollten. *Kindness* ist die Dekanin meines Colleges, die sich jedes Jahr mit jedem einzelnen Studenten für ein kurzes Gespräch getroffen hat, einfach, um zu fragen, ob es uns gut geht und was wir so machen. *Kindness* sind die Sekretäre, die, wenn man was verbaselt, nicht sagen »Da hätten Sie sich früher drum kümmern müssen«, sondern mit einem freundlichen Zwinkern »Ich schau, was ich tun kann«. *Kindness* ist, kein einziges Mal zu hören: »Wenn ich das jetzt bei Ihnen mache, dann kann ja jeder kommen.« *Kindness* heißt, mit jedem Einzelnen umzugehen wie mit einem Menschen mit Wünschen, Ängsten und Verletzlichkeiten und nicht als Teil eines Systems, das es zu kontrollieren gilt.

Natürlich gibt es in Deutschland auch *kindness*, auch wenn wir kein ganz passendes Wort dafür haben. Wir sind durchaus genauso bereit, Ausnahmen zu machen und Extrastunden für andere zu leisten. Für unsere Familie und unsere Freunde zum Beispiel. Der Unterschied ist, dass der Zirkel derer, für die man bereit ist, »die Extrameile zu gehen«, in Oxbridge ein größerer ist. Dass er für das Sekretariat meiner Colleges eben nicht nur »Freunde und Familie« beinhaltete, sondern, das Gefühl hatte ich zumindest, praktisch jedes Mitglied des Colleges. Wenn ich an meine Zeit in Oxbridge zurückdenke, dann kann ich eine ganze Liste von Pförtnern, Putzfrauen, Dozenten, Professoren und Sekretären machen, von denen ich das Gefühl hatte, dass sie sich wirklich für mich und mein Wohl interessiert haben – genau wie für das meiner Kommilitonen –, und deren Wohl mir bis heute ebenso am Herzen liegt.

Vielleicht begründet sich diese *kindness* darin, dass im Englischen die Möglichkeit, zwischen »Sie« und »du« zu unterscheiden, fehlt. Vielleicht steckt eine Nähe schon alleine in dem Fakt, dass man sich mit Vornamen anredet, wie man eben Freunde und Familie anredet. Wenn ich an meine Professoren, die Dekanin meines Colleges, an die Studiensekretärin, an die Pförtner denke, dann denke ich nicht an Titel und Nachnamen, sondern an Dani, Saphire, Alice, Seamus und Helen. Schon das scheint mir neben den beruflichen Hierarchien ein menschlicheres »wir« zu erzeugen. Im Gegenzug hatte ich immer das Gefühl, dass sich alle mehr Mühe gaben, Vornamen zu lernen. Dass die Dekanin zum Beispiel die meisten ihrer 600 Studenten ziemlich bald beim Vornamen kannte, genauso wie die Pförtner mich beim Betreten des Colleges meist namentlich begrüßten.

Mit Vornamen verbinden sich in unseren Köpfen schneller Persönlichkeiten und Geschichten. Wenn ich an die Studentensekretärin denke, dann denke ich auch an ihr *Allotment* – eine Art Schrebergarten, in dem Gemüse angebaut wird –, an ökologische Schädlingsbekämpfung oder an unsere Klagen über die *Tories*. Und wenn ich an die Pförtner denke, denke ich an Gespräche über die deutsch-polnische Grenze und den Oderbruch.

Genauso hatten die Beziehungen zu den meisten meiner Oxbridger Professoren neben der akademischen immer eine menschliche Komponente. In den Tutorien fingen sie früher oder später an, von ihren Trennungen zu berichten und wie es den Kindern geht, vom nächsten Urlaub, vom neuen Lebenspartner, von ihrer eigenen Studienzeit und ihren Dozenten, vom Hund, von der Vorbereitung auf den nächsten Marathon oder die nächste Konferenz. Vielleicht ging es auch gar nicht anders bei Tutorien, die in

Büros stattfanden, die nie aussahen wie die standardisierten Arbeitszimmer deutscher Professoren, sondern immer eher wie Wohnzimmer: mit übereinandergestapelten Teppichen, gemütlich-schmuddeligen Couches, Großvatersesseln und kissenüberhäuften Ruhebetten, mit Büchern bis unter die Decke, dazwischen Teetassen oder Portgläser, Spielzeuge von Kindern oder Hunden. Oxbridge ist weniger anonym, als ich das aus deutschen Universitäten kenne. Die Menschen, die dort arbeiten, lehren und studieren, bringen ein bisschen mehr von sich selbst mit und behandeln einander wie Menschen, die auch ein komplexes Selbst haben dürfen.

Was auf die Mitarbeiter zutrifft, gilt auch für die Studenten. Ich habe an keinem Ort so viele Freundschaften geschlossen wie in Oxbridge und ich glaube, das liegt daran, dass einem der Ort oder die Universität, aber in Wahrheit die Menschen das Gefühl geben, relativ unverkrampft sein zu dürfen, wer man halt ist. Und dabei ist es ziemlich egal, ob man schwul ist oder gerne Tontauben schießt, ob man depressiv, Allergiker oder trans ist, Naturwissenschaftler, Bodybuilderin, Mittelaltermarktgänger oder gläubiger Katholik. Mit Oxbridge verbinde ich eine Offenheit und ein ehrliches Interesse gegenüber dem anderen. Oxbridge war – und wird es hoffentlich trotz aller politischen Wirrungen bleiben – ein internationaler Ort. In Somerville liegt der Anteil nicht englischer Studenten bei über einem Drittel und ich habe in meiner Zeit dort Freunde aus allen Kontinenten gefunden. Immer, wenn ich das Wort »Überfremdung« höre, dann denke ich daran, dass in einem College an einer der besten Universitäten Großbritanniens mehr als ein Drittel der Studenten keine Briten sind und der einzige Schaden, der dadurch für die britischen Studenten zustande kam, war deutlich besseres Essen und ein bisschen lautere Musik.

Womit ich nicht sagen will, dass es keine Kulturunterschiede gibt. Oder dass, wenn so viele Kulturen aufeinandertreffen, keine Missverständnisse entstehen. Sondern dass man in Oxbridge mit diesen Unterschieden sehr gut leben kann, dass sie einen bereichern, dass, wenn man sich darauf einlässt, sie unendlich amüsierend und faszinierend sein können. Vielleicht ist das eine andere Art, *kindness* zu übersetzen: Neugier auf die Eigenarten des anderen.

Kulturspezifisches Verhalten gibt es und als ich in England und unter Engländern und Menschen aller Nationen lebte, musste ich ziemlich erschrocken feststellen, dass ich neben all meiner fabelhaften Individualität vor allem eins bin: deutsch. Ich mag in Deutschland kein besonders pünktlicher Mensch sein, aber in England stellte ich fest, dass meine Vorstellung von Pünktlichkeit eine deutsche ist. Wenn mich jemand, den ich nicht gut kenne, auf 19 Uhr zu sich zum Essen einlädt, stehe ich meistens ab 18:57 vor der Tür, warte aber mit dem Klingeln bis Punkt. Und wenn ich erst um 19:04 ankomme, entschuldige ich mich für meine Verspätung, was bei Briten und Menschen fast aller Nationen (außer Schweizern und Japanern) zu großem Gelächter führt. Deutsch sein heißt auch, dass ich es für höflich halte, in professionellen E-Mails die nötigen Informationen schnell und kurz auf den Punkt zu bringen. Was bedeutet, dass mich Briten zwangsläufig für unhöflich halten. Denn Briten sind es gewohnt, dass in professionellen E-Mails erst mal daran erinnert wird, wann man sich das letzte Mal gesehen hat und wie schön das doch war (»It was so good seeing you the other day«), oder dass man die Korrespondenz zumindest mit Referenzen zur letzten Unterhaltung anreichert (»I hope your dog is feeling better«).

Genauso wie Briten im Regelfall, wenn sie etwas wollen, das nicht direkt aussprechen. Wenn in einer Gruppe die Frage aufkommt, wer ein bestimmtes Amt einnehmen soll, und sowohl ein Deutscher als auch ein Brite es wollen, sagt der Brite: »I wouldn't mind terribly doing it« (»Es würde mich nicht schrecklich stören, die Aufgabe zu übernehmen«), wohingegen der Deutsche sagt: »Ich mach's gerne!« Im Regelfall bekommt der Deutsche das Amt – denn der Brite denkt, dass der Deutsche sich über sein offenkundiges Interesse hinwegsetzt, ist aber nicht bereit, sich darüber zu streiten. Wenn's dumm läuft, denkt der Deutsche, er habe dem Briten, der sich ja sozusagen nur opfern wollte, einen Gefallen getan, während der Brite den Deutschen für besitzergreifend und herrschsüchtig hält. Als Deutscher sieht man das natürlich anders und ist auch jederzeit bereit zu erklären, warum es richtig ist, die Dinge direkt auszusprechen, was für den Briten nur bestätigt, dass die Deutschen unerträgliche Besserwisser sind.

Wenig fördert so sehr die Toleranz gegenüber anderen Kulturen wie das Wissen, dass, wenn man sich ganz normal (also deutsch) verhält, man in den Augen eines Briten pedantisch, kurz angebunden, unhöflich und herrisch ist. Oder die schleichende Erkenntnis, dass die Briten diese Unterschiede zwar durchaus feststellen, aber auch hier meistens mit *kindness* reagieren. Das ging mir in Oxbridge so – wo ein Dozent, nach vielen Jahren der Freundlichkeit und unzähligen Hilfestellungen, mal zu mir sagte, dass er erst dachte, ich sei unhöflich, aber dann verstanden hat, dass ich nur deutsch bin. Aber es ging mir auch im Rest von Großbritannien so – zum Beispiel in Liverpool, wo ich einen Buchhändler kennenlernte, der mir zwar den Namen »the German boss« verlieh, mir aber trotzdem anbot, ich könnte umsonst in seinem Buchladen übernachten (nicht als irgendeine schmierige Anmache, sondern als reine Freundlichkeit). Meine Erfahrung mit England ist eine von *kindness* geprägte – nicht überall gleich intensiv, in Oxbridge sehr stark, im Norden mehr als im Süden und am wenigsten in London. Aber im Großen und Ganzen: *the English are a very kind people.*

Vor drei Jahren hätte ich das so niemals geschrieben. Nicht, weil es damals nicht stimmte, sondern weil es mir damals nicht notwendig erschienen wäre, das hervorzuheben. Die englische *kindness* ist mir deswegen so wichtig, weil man in Europa in letzter Zeit so wenig davon mitbekommt. Der Ausgang des Brexit-Referendums und praktisch jede darauffolgende Entwicklung der englischen Politik war alles andere als *kind*. Es ist zurzeit sehr leicht, sich über England lustig zu machen als ein Land voller intoleranter, nationalistischer Kleingeister. Was wir von England sehen, besonders von den Politikern, die dieses Land repräsentieren, ist ein groteskes Machtstreben, das von jeglicher Moral losgelöst zu sein scheint und sich immer die niedersten Triebe des Menschen zu eigen macht. Es ist verführerisch, im Ausgang des Brexit-Referendums ein generelles Charakterurteil über England oder sogar Großbritannien zu sehen.

Genau deswegen ist es wichtig, sich immer wieder daran zu erinnern, dass nur 52 % der britischen Wähler für den Brexit gestimmt haben, der Rest der Wähler, also 48 %, hat dagegen gestimmt. Genauso wichtig ist es, nicht zu vergessen, dass die Wahlbeteiligung nur bei 72 % lag. Dass also in Wirklichkeit nur 37 % der Wahlberechtigten für den Brexit gestimmt haben. Ein Viertel der Briten war zum Zeitpunkt des Referendums (noch) nicht wahlberechtigt. Wenn wir über den Brexit nachdenken, dürfen wir nicht vergessen, dass von 64,5 Millionen Briten nur 17,4 Millionen dafür, 16,1 aber dagegen gestimmt haben. In einem Land mit ca. 64 Millionen Einwohnern lag der Unterschied zwischen EU und Brexit an unter einer Million Wählern. Es hätte ganz leicht ganz anders kommen können.

Wer über Großbritannien spricht, muss bedenken, dass die Mehrheit der Briten nicht für den Brexit gestimmt hat und trotzdem schon seit dem Referendum unter ihm leiden muss. Genauso wichtig ist es zu bedenken, dass viele derer, die für den Brexit gestimmt haben, das nicht aus Fremdenhass und Nationalismus getan haben. Natürlich gibt es in Großbritannien, speziell in England und Wales, diejenigen, die Europa verlassen möchten, weil sie ihre Grenzen schließen wollen, weil sie eine Leitkultur – wie auch immer die aussehen mag in einem Land, in dem das Nationalgericht *Chicken Tikka Masala* heißt – schützen wollen, weil sie weniger Immigration und mehr Nation wollen. Diese Gruppe gibt es in Deutschland auch und den meisten von uns würde es nicht gefallen, wenn sie als repräsentativ für Deutschland angesehen werden würde. Aber jenseits dieser Gruppe gibt es viele, die aus ganz anderen Motiven für den Brexit stimmten.

Laut Dominic Cummings, dem machiavellistischen Strippenzieher der *vote-leave*-Kampagne und dem wichtigsten Berater Boris Johnsons, war der entscheidende Faktor des *leave*-Siegs ein Kampagnen-Slogan, der nichts mit Immigration zu tun hatte: »We send the EU £350m a week: let's fund our NHS instead« (»Wir überweisen der EU 350 Millionen Pfund pro Woche, lasst uns lieber den *NHS* finanzieren«). Dieser Satz, der den *leave*-Bus zierte und in den Wochen vor dem Referendum mantra-artig von den *leave*-Spitzen wiederholt wurde, ist nachgewiesenermaßen eine Lüge. Großbritannien hat der EU niemals 350 Millionen Pfund die Woche geschickt. Es gibt keine 350 Millionen Pfund, die man durch den Brexit plötzlich in den *NHS* investieren könnte, und selbst wenn es sie gäbe, macht der Trump-Freund Johnson nicht den Anschein, als wäre das seine Finanzpolitik, die eher aus Steuersenkungen für Besserverdiener zu bestehen scheint. All das ist aber unerheblich. Viel wichtiger ist, was der Erfolg dieses Slogans über Großbritannien aussagt.

Denn wenn Cummings recht hat, dann war nicht Fremdenhass das Zünglein an der Waage, sondern das Bestreben, den maroden *NHS* zu retten. Was diese Wähler wollten, war, ein Gesundheitssystem zu stärken, in dem alle Menschen gleich sind. Ein System, in dem Arm und Reich nach den gleichen Standards versorgt werden, genau wie es keinen Unterschied zwischen Staatsbürgern und Zugezogenen gibt. Was diese Wähler wollten, war, das wohl gerechteste Gesundheitssystem der Welt zu unterstützen. Dass das nicht funktionieren wird und dass der Brexit für den *NHS*, in dem viele Ärzte und Pfleger Migranten sind, eine Katastrophe bedeutet, tut der *kindness* der dahinterstehenden Motivation keinen Abbruch. Vielen derer, die für den Brexit gestimmt haben, kann man weder Fremdenhass noch Nationalismus vorwerfen, sondern höchstens nachlässige Leichtgläubigkeit.

Und neben den Leichtgläubigen, die sich von *leave* haben einlullen lassen, gibt es die linken Überzeugungstäter. Auch diese Gruppe habe ich in Oxbridge kennengelernt. Die Europaskeptiker um die neue linke Labour-Parteispitze, die denken, dass der Brexit es ihnen ermöglicht, zu genau den sozialstaatlichen Prinzipien zurückzukehren, aus denen der *NHS* vor über 60 Jahren geboren wurde. Diese *Lexit*-Wähler – »Brexit from the left«, weil man überhaupt nicht genug Wörter verschmelzen kann – wollten die EU verlassen, weil sie glauben, dass man nur so den Neoliberalismus in seine Schranken weisen kann. Sie wählten *leave,* weil sie dachten, dass sie außerhalb der EU die Rechte der Arbeiter wiederherstellen könnten.

Dass sie ohne die Interessen europäischer Konzerne eine wirklich nachhaltige Umweltpolitik durchsetzen könnten. Dass man die Mieten endlich wieder auf ein bezahlbares Maß senken würde. Dass man den Lebensstandard normaler Menschen anheben könnte. Sie glaubten, dass sich nur so die immer weiter auseinanderklaffende Schere zwischen Arm und Reich wieder schließen ließe. Dass die bittere konservative Sparpolitik einer neuen Sozialstaatlichkeit weichen würde. Sie wählten *leave,* weil sie die Macht zerstören wollten, die die überreichen Eliten über Großbritannien ausüben.

Sie bekamen Boris Johnson.

Viele der *Lexit*-Wähler bereuen ihre Wahl heute bitterlich. Manche glauben nach wie vor, dass nach dem Verlassen der EU alle Träume vom gerechten Sozialstaat wahr werden.

Ich wünsche ihnen, dass sie recht haben.

Dank

Ich danke meiner Familie und meinen Schulfreunden, dass sie mich damals ausgehalten haben. Catz, dass sie mich nicht genommen haben (it really wasn't meant to be just yet). Kay Henn und Sherry Föhr, weil ich alles ohne euch wirklich niemals geschafft hätte. Außerdem Prof. Schloss, Prof. Schnierer und Prof. Busse für Rat und Referenz.

Zu tiefem Dank verpflichtet bin ich Prof. Müller-Graff und Christina von Busch, dafür, dass Sie mir meinen Traum erfüllt haben, für eine inspirierende Zusammenarbeit und eines der schönsten Gespräche meines Lebens.

I'm eternally indebted to Seamus, Stephen, and Helen for their wisdom, guidance, and unfailing kindness.

For making Somerville the best college in the world and my time there one of joy and learning, I thank the people who work(ed) there, especially Alice, Saphire, Steve, Rebecca, and Simone, as well as Teresa, Mark, Richard, and their respective teams.

I would also like to thank my Oxbridge friends, many of whom appear in these pages: Moss, Daniel, Elowyn, Beth, Sacha, Tallulah, Lauren, Deeksha, Fergus, Joanna, Stefano, Sarah, Callum, Makena, Jochen, Zach, Kate, Teresa C., Martin, and, always, Evelyn.

Beständig danke ich meiner wundervollen Lektorin Esther Kormann und meinem biblio- und anglophilen Verleger Wolfgang Hörner. Außerdem Hanne und Barbara und Stephan.

Fürs Lesen und Kommentieren und für wirklich hilfreiches Feedback danke ich Frank, Dani, Laura, Joel, Stefanie, Luise und Alf.

Vor allem, für alles, für immer, immer wieder und immer mehr danke ich Jörn.

Außerdem danke ich allen ehrlichen Hochstaplern.